한 장의

잎사귀
처럼

국립중앙도서관 출판시도서목록(CIP)

한 장의 잎사귀처럼 / 사이어자 N. 구디브와의 대담 / 다나 J. 해러웨이 지음 ; 민경숙 옮김.
-- 서울 : 갈무리, 2005
  p. :   cm. -- (디알로고스 총서 ; 2)

원서명: How like a leaf
원저자명: Haraway, Donna J.
색인수록
ISBN   89-86114-77-1 04300 : \12000
ISBN   89-86114-72-0(세트)

337.1-KDC4
305.42-DDC21   CIP2005000715

 디알로고스총서2

한 장의 잎사귀처럼 How like a leaf

지은이 다나 J. 해러웨이(사이어자 N. 구디브와의 대담)
옮긴이 민경숙

펴낸이 조정환 장민성
책임운영 신은주 편집부 최미정 마케팅 오정민

펴낸곳 도서출판 갈무리 등록일 1994. 3. 3. 등록번호 제17-0161호
용지 화인페이퍼 인쇄 한영문화사 제본 한영문화사
초판인쇄 2005년 4월 19일 초판발행 2005년 4월 28일

주소 서울 마포구 서교동 375-13호 성지빌딩 101호 (121-839)
전화 02-325-1485 팩스 02-325-1407
website http://galmuri.co.kr e-mail galmuri@galmuri.co.kr

ISBN 89-86114-77-1 / 89-86114-72-0 (세트) 04300
1. 사회과학 2. 여성학/페미니즘 3. 사회학 4. 인문학
5. 인물 6. 철학 7. 생명과학의 이해 8. 문화 9. 인류학
값 12,000원

한 장의

잎사귀
처럼

How Like A Leaf

「사이보그 선언문」의 저자 다나 J. 해러웨이의 지적탐험

다나 J. 해러웨이

사이어자 N. 구디브와의 대담

민경숙 옮김

2005

How Like a Leaf: An Interview with Thyrza Nichols Goodeve / Donna J. Haraway

This Routledge edition published in agreement with
La Tartaruga/Baldini & Castoldi International.

Published in 2000 by Routledge 29 West 35th Street New York, NY 10001

Published in Great Britain by Routledge 11 New Fetter Lane London EC4P 4EE

옮긴이 서문

"사람들이 제 글쓰기나 연설을 만나는 덕분에, 이런 감수성 속에서 살지 않을 수 없게 된다는 게, 제가 기여한 부분이라고 생각해요."

다나 J. 해러웨이

해러웨이를 읽는 사람들은, 위의 인용처럼, 해러웨이가 펼치는 이론을 습득하면서, 새로운 사고방식이나 감수성에 눈을 뜨게 되고, 과거에 미처 보지 못한 새로운 세계를 경험하게 된다. 옮긴이가 4년 전 『유인원, 사이보그, 그리고 여자』를 번역할 당시에도, 지루하고 까다로운 번역작업에도 불구하고, 바로 이런 점 때문에 간간이 청량제를 마시는 것 같은 기분을 느낄 수 있었다. 예를 들어 해러웨이는 면역체계를 설명하면서, 면역이란 우리 몸에 이질적인 것이 침입하면 그에 대한 항체를 만드는 과정이므로, 면역체계는 자기-인식 장치이며, 자기/비자기의 개념들을 감독하기 위한 장치라고 제안한다. 또한 이 체계를 자기와 타자 간의 인식(recognition)과 오인(mis-recognition)을 안내하도록 그린 지도라고 주장한다. 따라서 우리가 통상 에이즈(AIDS)라고 부르는 후천성 면역 결핍 증후군은 바로 타자를 자기로 오인하므로 생기는 병이다. '자기와 타자 간의 인식과 오인'이라는 개념은 쉽게 알튀세르의 이론을 상기시킨다. 해러웨이는 여기에서 더나아가, 우리 몸에 기생하는 수많은 유기체들이 자기인가? 타자인가? 묻는다. 숙주의 시각에서 보면 타자이지만, 숙주가 없이는 생존할 수없는 기생자의 시각에서 보면 자기라는 게 해러웨이의 논리이고, 이런 논리를 뒷받침하기 위해 도킨스의 저서 『확장된 표현형』을 이용한다. 그리고 여기에서 '하나'/'여럿'이라는 개념도 무너진다.

'하나'와 '여럿' 같은 너무나 상식적인 개념은 또 다른 설명으로도 쉽게 붕괴된다. 소위 믹소트리카 파라독사라는 단세포 유기체의 특질에서 끌어낸 것인데, 이 생물체에는 다섯 종류의 박테리아가 기생하고 있다. 숙주도, 기생하는 박테리아들도 서로 독립해서는 살지 못하는 공의존 관계에 살고 있으므로, 이 믹소트리카 파라독사라는 유기체가 하나의 개체인가? 여섯 개의 개체인가? 하나라면 어디까지를 믹소트리카 파라독사라고 불러야 하나? 등등의 문제들이 생긴다.

이런 논리전개는 해러웨이에게는 매우 상식적이다. 무궁무진하게 다양한 생물 세계에서 이런 예들을 찾아내어, 그 특징을 설명하고 그 다음에는 그녀의 표현대로 "재기술(再記術)"하는데, 이 때에는 인문과학적인 해석이 첨가된다. 면역체계를 '자기와 타인 간의 인식과 오인'이라고 재기술하였듯이, 그리고 믹소트리카 파라독사를 '하나'와 '여럿'

의 개념의 경계를 붕괴시키는 경계적 피조물이라고 부르듯이, 그녀는 구체적인 생물체를 은유로 사용하여 인문사회과학적 담론으로 만든다. 영장류동물은 어느새 식민 담론, 페미니즘 이론, 인종차별주의와 연결되고, 사이보그는 사회주의적 페미니즘, 즉 여성의 노동문제, 정보과학 등과 연결된다.

　본 대담집 『한 장의 잎사귀처럼』은 총 여섯 개의 부분으로 나뉘어져 있는데, 첫 부분은 해러웨이의 간략한 전기와 함께, 그녀의 유명한 학위논문이자 첫 저서인 『크리스탈, 직물, 그리고 장(場)』을 쓰게 된 경위를 설명하고 있고, 두 번째 부분은 두 번째 저서인 『영장류의 시각』이 영장류학계를 강타한 충격에 대해, 그리고 세 번째 부분에는 세 번째 저서인 『유인원, 사이보그, 그리고 여자』에 관한 간략한 설명이 들어 있다. 아직 여기까지는 서론의 연장인 듯이 보이며, 해러웨이 저술 전체를 가로지르는 방법론에 관해 설명한 네 번째 부분과 가장 최근 저서인, 『겸손한_목격자@제2의_천년.여성남자ⓒ_앙코마우스™를_만나다: 페미니즘과 기술과학』(1997)의 주요 개념에 관해 집중적으로 설명한 다섯째 부분이 이 대담집의 본론에 해당된다. 여섯째 부분이자 종결 부분은 해러웨이가 독자에게 해주는 짤막한 조언에 불과하다. 따라서 이제부터는 해러웨이의 방법론과 1997년도 저서에 나오는 주요 주제를 보며 해러웨이의 독특한 사고방식 혹은 방법론에 주목하기로 한다.

　우선 해러웨이는, 앞에서도 말했듯이, 생물계의 현상이나 물체를 집중하여 탐구한다. 그리고는 믹소트리카 파라독사의 예에서 본 것처럼, 그 유기체의 독특한 생물적 특징을 생물학적으로 설명하는 것에서 더 나아가, 인문사회과학적 담론과 연결시키는 은유로 사용한다. 그러나 해러웨이는 여기에서도 머무르지 않는다. 그녀는 생물학 세계를 "은유 이상의 것이다"라고 강조한다. "생물학에서 발견되는 생리학적·담론적 은유들뿐 아니라 설화들을 의미한다"고 주장한다. 이 부분이 해러웨이의 가장 독특한 부분이다. 해러웨이는 도처에서 자신은 "이야기하기"를 좋아한다고 말하는데, 예를 들면 유전자가 이식된 생쥐 앙코마우스™에 대해 설명하면서, 이 특허 받은 생쥐는 유방암 연구를 위한 연구유기체이지만, 단순히 특허, 상표화, 재산권 등의 후기자본주의를 상징할 뿐 아니라, 인간구원(유방암 치료)을 약속하며 인간을 대신하여 고통을 인내하다 죽는 예수 그리스도임을 암시한다.

해러웨이의 전기를 보면 그녀가 아일랜드-가톨릭교 배경의 영향 속에서 고등학교 시절까지 보냈고, 그래서 가톨릭교의 영향이 그녀의 작업에 깊이 배여 있음을 누차 강조하고 있다. 아마도 가톨릭교의 가장 큰 영향은 그녀가 생물학 세계에서 추상관념을 이끌어낼 뿐 아니라, 추상관념 또한 비유나 은유를 통해 물질화하는 그녀의 독특한 방법론에 있을 것이다. 하나님이 육화하여 예수로 이 땅에 왔다는 해석, 교회나 성당에 기독교의 추상관념들이 그림으로 설명되어 있는 것, 그리고 특히 가톨릭의 경우 성체나 성찬의 개념 등으로 예수를 피와 살로 표현하는 것 등등, 추상적인 종교가 물질화되고 기호화되고 있듯이, 해러웨이도 그런 종류의 작업을 한다. 그래서 해러웨이는 서슴지 않고 우리의 상식을 깨는 또 하나의 주장을 개진한다. 우리가 하는 말과 언어가 사상보다 육체에 더 가까우며, 육체 또한 물체가 아니라는 것이다. 해러웨이는 육체뿐 아니라 세포도, 유전자도 물체가 아니라고 주장한다. 해러웨이에게 세포는 상호작용으로부터 독립된 영역을 갖고 있지 않은 과정들을 부르는 이름이고, 유전자는 관계성이란 장의 매듭으로, 계승을 자리매김하고 실제적인 것으로 만드는 구체화과정이지만, 굳이 물체인 양 유포되는 이유는 자본주의적 이해관계 때문이다. 그러므로 해러웨이는 유전자가 인지적 물신주의, 즉 추상적인 것이 구체적인 것에 잘못 놓인 오류에 빠져 있다고 주장하면서, 이것을 '유전자 물신주의'라고 부른다.

그녀의 설명이나 주장을 들으면 어리둥절해지는 이유가 바로 여기에 있다. 물체가 은유로, 혹은 설화나 추상관념으로 진화하는가 하면, 추상관념이 물체로 바뀌는 등 그녀의 방법은 그녀가 표현한 대로 야누스의 얼굴을 갖고 있기 때문이다. 그래서 해러웨이는 물질적-기호적 실재물이라는 말을 자주 되풀이하며, 사실과 허구, 구체적인 것과 추상적인 것, 물질성과 기호성, 자연과 사회, 자연과 문화, 유기체와 기계 등 기존의 이분법이나 이항대립의 동시성을 강조한다. 이항대립이 억압관계에 있는 것이 아니라, 동시에 함께 있다는 뜻이다.

해러웨이의 기발한 사고방식을 보여주는 예를 몇 가지 더 들자면, 우선 그녀의 주요 방법론으로 거론된 회절이라는 개념이 있다. 회절은 좁은 틈을 통과한 빛이 분산됨을 말하는 물리학 개념인데, 이것을 반사개념과 비교하여, 똑같은 상을 만들지 않고 차이를 만드는 개념으로 해석한다. 또한 회절실험을 할 때 한편에 스크린을 세우면 빛이 지나가는 길을 볼 수 있다는 데 창안하여 회절을 역사적 개념으로 바꾼다. 그리하여 해러웨이가 회절의 한 예로 든 사건을 보면, 가정분만운동을 하던 제자가 가정분만의 상징으로 모자에 기저귀 안전핀을 달고 다녔다. 처음에는 안전핀과 가정분만과의 연결관계에 대해 의심하였지만, 그 안전핀을 플라스틱산업, 철강산업, 안전 규정 장치 등등의 역사들과 연결시켜 생각하다보니, 즉 회절시켜 사고해 보니, 자본 형성 및 산업의 역사들 속에서 그 안전핀의 의미가 드러나게 되었다는 것이다. 이런 회절은 해러웨이 작업 곳곳에서 볼 수 있는데, 예를 들면, 그녀는 미국 대중문화의 주인공 중 하나인 흡혈귀에게서 순종 혈통보호와 인종차별주의를 연상해 낸다. 이런 그녀의 특징은 그녀에게 냉철한 자연과학자의 모습 외에 인문사회과학적인 성향, 즉 설화를 이용하여 사회나 문화를 비판하는 탁월한 능력이 있음을 보여준다. 그녀의 이런 인문사회과학적 성향을 가장 잘 드러내는 대목은 네 번째 저서의 제목에서 쓰인 "겸손한 목격자"에 대한 그녀의 설명이다. '목격'이란 그녀의 설명에 따르면, "보는 것이고; 증언하는 것이며; 서서 공공연하게 자신이 본 곳과 기술한 것을 해명하는 것이며, 자신이 본 것과 기술한 것에 심적으로 상처받는 것이다." 이 정의는 목격에 대한 사실적 설명(과학적 설명)에서 서서히 목격자 자신의 정체성 및 신뢰성과 관련된 심리적 불안감(인문학적 설명)을 향해 나아가고 있음을 보여준다. 그리고 여기에서 더 나아가, 역사적인 목격자가 되기 위해 세계의 곳곳의 갈등지역으로 떠나는 사람들을 거론하면서, 목격이 반-이데올로기적 참여(사회과학적 설명)가 되는 설화를 펼친다. 대담을 담당한 해러웨이의 제자이자 프리랜서 작가인 구디브는 해러웨이에게 설화로 해석할 수 없는 여러 사실들을 어떻게 설명하겠느냐고 묻는다. 그러자 해러웨이는 "세계를 이해하는 일은 설화 속에서 사는 문제에 관한 겁니다. 이 세계에 설화 밖이라는 곳은 없어요."라고 대답한다. 영향 받은 사실이 없다고 부인했던 데리다의 논법이 쉽게 연상되는 대목이다.

이런 방법론으로 탄생한 그녀의 이론의 가장 두드러진 특징은, 앞에서도 말했듯이, 두 개의 상반되는 개념들, 즉 이항대립의 경계를 붕괴시키는 것이다. 해러웨이는 이것을 "자연문화"(natureculture)라는 하나의 단어로 집약하여 설명한다. 자신에게 자연과 문화는 분리된 것이 아니라 하나라는 것이다. 그리고 원래 하나였던 것 사이에 틈이 생기고 그런 것이 시간이 흐르면서 우리에게 분리된 것으로 계승되었다는 것이다. 물론 이런 역사적 과정 속에는 여러 그룹의 정치적·경제적 이해관계가 개입되었다. 그리하여 해러웨이는 자연/문화, 기계/유기체, 인간/동물, 물질적/기호적 등 이항대립의 경계면, 혹은 접촉면에 주목하게 되고, 그 결과 해러웨이의 개념들은 기존 상식을 깨면서 이전에 미처 보지 못한 새로운 면을 부각시킨다. 예를 들면, '고장'과 '질병'은 부정적이기만 한 상황이 아니다. "고장은 인간을 이해시키는데 있어서 중심적인 역할을 한다. 고장은 회피해야 할 부정적인 상황이 아니라, 우리가 도구로 사용할 때 관여하게 되는 도구들의 네트워크의 어떤 양상을 가시화하는 불-분명한 상황이다. … 고장은 임무를 성취하기 위해 우리에게 반드시 필요한 유대관계를 드러낸다." "질병의 위험은 건강의 주요 구성요소들 중 하나이다." 이 두 개의 인용은 해러웨이가 직접 한 말이 아니라 자신의 저서에 인용한 글이지만, 그녀의 이론에 중요한 글들로, 부정에서 긍정을, 긍정에서 부정을 찾아내는 그녀의 사고방식과 잘 부합된다. 따라서 해러웨이는 '죽음'에 관해서도 긍정적인 의미를 찾아낸다. "죽음의 긍정이 절대적인 기본이라고 생각해요. 죽음을 찬미하는 의미에서의 긍정이 아니라 솔직히 말해서, 죽어야 할 운명이 아니라면 우리는 아무 것도 아니라는 의미에서 그렇지요." 이것은 그녀 스스로 상당한 영향을 받았다고 인정하는 하이데거의 논법을 연상시킨다. 그리고 그녀의 글 고유의 특징인 아이러니를 짙게 드리우고 있다.

해러웨이는 대학에서 생물학, 철학, 문학을 전공하였고, 예일대학원에서 학위논문을 쓸 때에도 순수한 생물학에 관한 것이 아닌 '20세기 유기체론에서 사용된 은유들'에 관한, 일종의 생물철학, 즉 인문학적 견지에서 본 생물학에 관한 주제를 채택하였다. 인문과학과 자연과학을 복수전공한 교육적 배경이 그녀의 특성이 되었고, 더 나아가 동시대의 가장 독특한 이론을 만들어낸 것이다. 이 학위논문 덕분에 그녀는 존스홉킨스대학교의 과학사(科學史)학과의 교수가 되었고, 그 후 샌타 크루즈 캘리포니아대학교의 의식사(意識史) 프로그램의 교수가 되어, 여러 학문을 가로지르는 자유로운 연구를 할 수 있는 환경에 안착하였다. 해러웨이는, 자신의 연구는 의식사 프로그램이 아니었으면 불가능했을 것이라고 말할 정도로 의식사 프로그램에 감사의 뜻을 전한다. 이것은 또 한편으로는 학자들의 연구가 환경의 영향을 얼마나 받는지를 단적으로 보여주는 예라 하겠다.

끝으로, 해러웨이의 생물학을 바라보는 두 가지 시각을 봄으로써 그녀의 이론세계를 요약하려 한다. 첫째는 "우리가 생물학 세계로서 그리고 생물학 세계 속에서 친밀하게 살고 있다"는 것이다. 즉 인간은 유기체로서 생물학 세계의 일원이고, 다른 유기체들과 뗄 수 없는 관계 속에서 살고 있다는 것이다. 이것은 우리의 상식에 준하는 설명이다. 두 번째는, 그녀의 표현을 쓰자면, 첫 번째 설명에서 게슈탈트적 전환을 한 것으로, "생물학은 담론이지, 세계 그 자체가 아니다"라는 것이다. 즉, 유기체인 인간은 물질적으로 기호학적으로 살고 있고, 과거 역사의 영향을 받고 있으며, 현재의 복잡한 체계들, 예를 들어, 노동, 자본, 위계질서, 생산성 등등의 체계들 속에 갇혀 있는 생물학 속에 들어 있다는 것이다. 과학은 과거의 역사뿐 아니라 동시대의 정치, 경제, 사회 등등의 여러 상황에서 자유롭지 못하다는 뜻일 것이다. 이것이 바로 해러웨이가 과학을 인문사회과학과 연계하여 연구하는 이유이고, '자연'과 '문화'를 한 단어의 "자연문화"라고 주장하는 이유이다. 또한 이런 주장은, 복제나 유전자의 상품화 등 과학기술이나 기술과학을 윤리적인 차원에서 검토해야 하는 개연성이 나날이 급증하는 요즘 시의적절하다.

해러웨이의 이론은 야누스의 얼굴을 갖고 있다. 생물학 세계를 다루고 있는가 하면 어느새 인문사회과학 담론으로 변해 있고, 인문사회과학적 담론을 말하고 있는가 하면 어느새 자연과학으로 돌아가 있기 때문이다. 그리고 이항대립의 경계면, 모순들 등에 집중하다 보니, 앞에서 본 '고장,' '질병,' '죽음' 등의 개념에서처럼 아이러니컬하다고 느끼게 되는 경우가 많다. 구디브는 종결 부분에서 이 점을 해러웨이에게 지적한다. 그에 대해 해러웨이는 다음과 같이 대답한다. "제가 진정으로 요구하는 것은 영속적인 정열과 아이러니입니다. 즉 정열이 아이러니만큼 중요하다는 거지요."

이 글의 첫 부분에 인용한 것처럼, 해러웨이는 이론 그 자체보다 독자들에게 새로운 사고방식으로 사유하고, 새로운 감수성을 느끼게 하면서, 무엇보다도 이 때 만들어지는 정열을 전수하고 싶었는지도 모른다.

해러웨이의 정열을 다시 한번 느낄 수 있도록 이 대담집의 번역을 의뢰해 주신 도서출판 갈무리 관계자 여러분께 심심한 감사의 뜻을 전한다.

2005년 2월 5일 도곡동에서

민경숙

차례

침팬지와 인공물에게도 있는데,
하물며 우리 인간에게 정치가 없어서 되겠는가?

다나 J. 해러웨이

일러두기

1. 이 책의 본문은 Donna J. Haraway, *How Like a Leaf: An Interview with Thyrza Nichols Goodeve*, 2000을 완역한 것이다.

2. 인명이나 지명, 그리고 작품명은 될 수 있는 한 「외래어 표기법」(문교부 고시 제85-11호, 1986년 1월 7일)과 이에 근거한 『편수자료』(1987년, 국어연구소 편)를 참조해 표기했으나 주로 원어에 가깝게 표기하는 것을 원칙으로 삼았다.

3. 본문에 오류가 있거나, 전문용어라 설명이 필요한 경우에는 각주에 그 설명을 실었다.

4. 단행본, 정기간행물에는 겹낫표(『 』)를, 논문·논설·기고문·단편 등에는 홑낫표(「 」)를, 단체 명이나 행사명에는 가랑이표(〈 〉)를 사용하였다.

감사의 글

이탈리아의 밀라노에 있는 라 타르타루가-발디니 & 카스톨디 인터 내쇼날(La Tartaruga-Baldini & Castoldi International)에 근무하는 마리아 나도티(Maria Nadotti)의 지도와 성원이 없었다면 이 책의 출판은 불가능했을 것이다. 그녀의 지성과 확고한 열정이 없었다면 이 프로젝트는 탄생조차 못했을 것이다. 오스트리아의 린츠[1]에 있는 아르스 일렉트로니카(Ars Electronica)의 *Fleshfactor*(1997) 편집자들에게도 『한 장의 잎사귀처럼』의 초기 대담집을 발간해 준 데 대해 응당

---

1. [옮긴이] 원문에는 Lutz, Austria로 되어 있으나 옮긴이가 Linz, Austria로 바꾸어 번역하였음을 밝힌다. 멀티미디어 아트를 위한 복합 예술 센터인 Ars Electronica가 위치한 곳이 Linz, Austria이기 때문이다.

감사의 뜻을 전해야 할 것이다. 이 대담집이 이 책의 모태이기 때문이다. 또한 휘트니 독립 연구 프로그램(Whitney Independent Study Program, 1997-99)의 나의 제자들과 의식사 프로그램 사무실의 실라 퓨즈(Sheila Peuse), 그리고 다나 J. 해러웨이 가족과 나의 가족을 구성하는 인간·비인간을 망라한 모든 구성원들에게 전문적·비전문적 후원을 해준 데 대해 감사드리고 싶다. 하지만 내가 가장 큰 빚을 지고 있는 사람은 아마도 다나 J. 해러웨이일 것이다. 그녀는 나의 모범적인 대화상대이자 스승이고, 친구요, 인간이었다.

사이어자 니콜스 구디브

캘리포니아 주의 샌타 크루즈에 있는 그 집

외부의 벽이 헐치 늙은이 피부처럼 페인트가 벗겨지던, 초라하지는 않지만 그렇다고 웅장하지도 않은, 캘리포니아 주의 그 작은 오두막집은 수많은 꽃들과 밀감나무들, 그리고 경이로운 식물들로 가득 찬 숲 사이로 살짝 모습을 드러내고 있었다. 집과 식물들이 마치 한 기이한 존재인 양 뒤엉켜 있어서 어디부터 정원이고 어디까지 집인지 구분하기가 어려웠다. "이 모든 식물들은 그냥 자라난 건가요?"라고 나는 물었다. "천만에요," 내 질문에 약간 놀란 듯한 다나 J. 해러웨이가 대답했다. "모두 우리가 심어 키운 것들이에요." 붉은 꽃들, 털처럼 보이는 덤불들, 가시투성이의 커다란 부채모양으로 불쑥 나와 있는 꽃잎들 등등 그 집에 들어가기 위해서는 경작된 야생 들판을 가로질러 가야만 했다. 실내에는 까만 고양이 한 마리가 거실 소파 위 전기담요 위에 공처럼 몸을 웅크리며 편히 쉬고 있었는데, 그 주 위에는 먹이와 물이 담긴 그릇들이 즐비하게 늘어서 있었다. "모세양 이 요즘 룸서비스를 받고 있어요," 해러웨이가 말했다. "스물한 살이 니 그런 대접을 받을 만도 하지요." 우리들이 그 늙은 고양이가 쓰레 기통을 사용하기 위해 소파에서 화장실까지 어슬렁거리며 걸어간다 는 이야기를 하고 있을 때, 70파운드나 나가는 금발과 흰색의 개 한 마리가 나를 환영하려고 부엌에서 튀어 나왔다. "얘는 롤랜드예요." 짧게 자른 꼬리를 흔들며 몸 전체를 파동치게 하여 환영의 의사를 표현하던 롤랜드는 조심스럽게 나에게 다가왔다. 점잖지만 엄한 목 소리로 해러웨이는 나에게 충고하였다, "바로 쓰다듬지 마세요. 당신 의 촉감을 느끼기 전에 냄새부터 맡아야 하거든요. 사람들이 너무 자 주 즉시 손을 뻗는 바람에 롤랜드가 놀라곤 했지요." 자신과 동거하 는 인간 이외의 동물들의 욕구와 습속에 대해 예리하게 파악하고 있 었으므로, 해러웨이는 "우위 행동"(dominance behavior)이니 "공격 충동"(aggressive impulse)이니 하는 전문용어를 섞어가며 말하였다. 그리고 나서 롤랜드가 "선량한 시민 증명서를 따기 위해"(이 때 그녀 는 깔깔대며 말했다) 최근 개 학교에 갔던 경험에 대해 자세히 설명 하였다. 그리고 이 지점에서 해러웨이와 롤랜드는 롤랜드가 배운 행 동들의 시범까지 보이기 시작했다. "앉아. 그대로 있어. 원칙상 롤랜 드는 명령을 받을 때까지 일어설 수 없어요. 그런데 롤랜드는 참고 견디기를 좋아하거든요." 이제 겨우 몇 분간 이 집에 있었지만, 나는 이미 식물들이 동화를 만나고 동물과학이 부모 자식 간의 사랑과 만나는 세계에 들어와 있었다.

이 집은 해러웨이가 실제로 거주하는 아늑한 곳이긴 하지만, 해러 웨이와 그의 파트너 러스틴 허그니스(Rusten Hogness)에게는 가정 의 일부분에 불과하다. 이 집은 다나가 샌타 크루즈 캘리포니아대학 교의 의식사 프로그램의 교수[1]로 일할 때 거주하는 곳이다. 1980년 이 프로그램에 참여하도록 헤이든 화이트(Hayden White)에게 채용 된 이래 쉴 새 없이 이동하며 살고 있지만, 다나와 러스틴의 실제 "가 정"은 여기에서 3시간 떨어진 샌프란시스코 북쪽에 있는 전설적인 소노마 카운티에 있다. 거기에서 그들은 1977년 다나의 전 남편 제이 밀러(Jaye Miller)와 함께 구입한 땅으로 출근한다. 이중생활을 한다 는 것이 부담스럽지만, 그런 가정생활 덕분에 해러웨이는 학생들을 가르치는 일에 흔들림이 없이 집중하며 헌신할 수 있었고, 그와 동시 에 과학사부터 페미니즘이론, 인류학 그리고 물론 그녀가 창시한 사 이보그 연구까지 폭넓은 연구분야에 대한 주요 저서들과 논문들을 계속 집필할 수 있었다. 환언하자면, 잔인하리만치 고된 직업(샌타 크루즈는 학기제가 아니라 쿼터제이기 때문에 다나는 매해 세 개의 고도로 집약된 연속적인 학부강의와 대학원강의를 준비하고 가르쳐 야 했다)에 몰두하며 3시간 거리의 두 집을 소유한다는 것이 안정을 방해할 수도 있었지만, 다른 한편으로는 시간과 주의력을 두 곳으로 나눌 수 있어서 오히려 집중하는 데 도움이 되었다. 한 곳에서는 주

---

1. 의식사(意識史, History of Consciousness) 프로그램은 1960년대 샌타 크루즈의 캘리포 니아대학교에 창설된 학문간의 연계연구 Ph.D. 프로그램이다.

로 가르쳤고, 다른 한 곳에서는 주로 글을 썼다 — 물론 이 두 작업의 경계가 자주 흐려지곤 하였지만 말이다. 이런 상황이 1985년 「사이보그들을 위한 선언문」(A Manifesto for Cyborgs)[2]을 처음 출판한 후 다나가 너무나도 영향력 있고 명확하게 표현하곤 했던 사이보그 생활방식의 좋은 예라는 점을 깨닫게 되어 매우 인상적이었다.

어떤 한 관점에서 볼 때 사이보그 세계는 지구상에서의 통제 그리드의 최종적인 내부 폭발에 관한 것이고, 방어의 이름으로 발발된 별들의 전쟁의 계시 속에 체현된 최종적인 추상화에 관한 것이며, 남성주의자들의 전쟁 파티에서의 여성들 몸의 최종적 전용에 관한 것이다. 또 다른 관점에서 볼 때 사이보그 세계는 사람들이 동물과 기계와의 합동적 혈연관계를 두려워하지 않고 영속적으로 부분적인 정체성과 모순적 위치를 두려워하지 않는 체험된 사회적·육체적 현실들에 관한 것일 수 있다. 정치적 투쟁은 동시에 이 두 관점에서 보는 것이다. 왜냐하면 각 관점은 상대 관점의 유리한 위치로부터 상상될 수 없는 지배와 가능성을 모두 드러내기 때문이다. 단 하나의 시각은 이중의 시각이나 머리가 여럿 달린 괴물보다 더 나쁜 환상을 만든다. 사이보그 통일체들은 괴물같은 사생아이다. 현재의 정치적 상황에서 우리는 저항과 재결합을 달성하기 위해 이보다 더 강력한 신화를 희망할 수 없을 것이다.[3]

2. [옮긴이] 1985년 에세이로 발표할 당시의 제목은 「사이보그들을 위한 선언문: 1980년대의 과학, 기술, 그리고 사회주의적 페미니즘」(A Manifesto for Cyborgs: science, technology, and socialist feminism in the 1980s)이었고, 1991년 출판된 저서, 『유인원, 사이보그, 그리고 여자: 자연의 재발명』(뉴욕: 러틀리지)에는 「사이보그 선언문: 20세기 말의 과학, 기술, 그리고 사회주의적 페미니즘」(A Cyborg Manifesto: Science, Technology, and Socialist-Feminism in the Late Twentieth Century)이라는 제목으로 실렸다. 따라서 본 대담집에는 상황에 따라 다른 제목이 사용되고 있다.
3. 다나 J. 해러웨이, 「사이보그 선언문: 20세기 말의 과학, 기술, 그리고 사회주의적 페미니

우리는 좀더 담소를 나누기 위해 부엌으로 갔다. 다나가 책꾸러미를 풀었다. "와, 훌륭한데. 수잔 하딩(Susan Harding)과 공동으로 강의할 '외계인 피납(alien abduction)에 관한 과학·정치·종교사적 합동강의' 교재도 들어 있네요."

즘」, 『유인원, 사이보그, 그리고 여자: 자연의 재발명』(뉴욕: 러틀리지, 1991), 154쪽. [한국어판: 민경숙 옮김, 동문선, 2002, 276~7쪽].

제1장

나는 정말로 탐험가가 되길 바라며 컸다고 생각한다.

다나 J. 해러웨이

그녀가 태어난 역사적 배경

구디브 앞으로 점점 더 복잡한 일에 관해 이야기해야 할 테니 우선 전기부터 소박하게 시작하는 게 어떨까요?

해러웨이 한 사람이 태어난 역사적 배경에 대해 우리는 언제나 매우 자연스러운 것으로 생각하지요. 그러다가 그것에 대해 다시 숙고하게 되고, 어느 날 갑자기 모든 게 의미 있음을 깨닫게 되요. 사회적·문화적 역사들로 가득 찬 풍경 속에서 갑자기 여러 겹의 삽입광고가 막 튀어나오는 것 같지요. 나는 1944년 콜로라도 주 덴버에서 태어났어요. 달리 말하자면 미국 서부지역의 한 도시에서 태어났지요. 그곳은 캘리포니아 주도, 중서부 지역의 농업주도 아니었고, 여러 겹의 이민자들과 문화들을 갖고 있는 동부해안지대도 아니었어요. 영국계의 로키산맥 서부지역(Anglo Rocky Mountain West)은 19세기 말에 만들어졌으니까 비교적 최근에 형성된 곳이라고 말할 수 있지요. 남북전쟁 이후에 정복된 영토이니까요. 구체적으로 말하자면 초기에는 영국계 개척자들이 금·은 채굴로 경제적 발전을 도모한 후, 최근에는 목장 경영, 국제 목재업, 그리고 에너지로 경제적 발전을 이룬 땅이지요.

구디브 당신 가족도 그런 산업에 종사했었나요?

해러웨이 아니에요. 아버지께서는 스포츠 기자이셨고, 조부모님께서는 테네시 주에서 콜로라도 주로 이사 오셨어요. 이사하신 이유 중에는 할아버지의 건강문제가 있었대요. 할아버지께서는 결핵을 앓고 계셨고, 그래서 19세기와 20세기 초에 결핵환자 요양센터가 있었던 콜로라도 스프링스(Colorado Springs)로 오신 거예요. 할아버지께서는 콜로라도 스프링스에 정착하셨고 피글리 위글리라는 작은 식료 잡화상 체인점에서 식료 잡화상으로 일하셨지요. 할아버지께서는 장사에 소질이 없으셨나 봐요. 피글리 위글리를 세이프웨이에 매각하신 후 1930년대 말, 그러니까 제가 태어나기 전에 빚만 지시고 돌아가셨으니까요. 그러니까 저에게는 여러 가족사가 있지만 어떤 것이 그동안 일어난 일들을 정확하게 대표하는지 모르겠어요. 어쨌든 그것이 아버지 쪽의 가족사예요. 어머니 쪽은 노동계급의 아일랜드 가톨릭 출신이지요.

구디브   부모님은 아직 생존해 계신가요?

해러웨이   어머니는 제가 열여섯 살이었을 때 돌아가셨지만 아버지는 아직 살아 계셔요. 팔십일 세로, 정말로 좋으신 분이지요. 아버지도 어렸을 때 결핵을 앓으셔서 후유증으로 둔부와 무릎이 경직되었어요. 어린 시절의 상당부분을 전신 석고붕대 속에서 보내셨지요. 휠체어를 탈 수 있게 된 고등학교 때까지 집에서 가정교사에게 교육을 받으셨고, 나중에는 목발을 짚고 다니셨지요. 이런 상당한 장애를 안고 계셨지만 언제나 스포츠에 관심이 많으셨어요.
할아버지께서는 서부 및 중서부 지역의 한 도시에서 전국산업농구리그(National Industrial Basketball League)의 전신격인 리그1를 조직한 스포츠 창립자이셨어요. 이 리그는 대학을 졸업한 백인들을(백인임을 강조하였다) 고용하였고 실업팀들을 운영하였지요. 부분적으로 프로농구팀의 전신이라고 말할 수 있어요. 이 리그들은 현재 소멸되고 말았지만 당시에는 매우 인기가 있었지요. 할아버지께서는 덴버의 농구발전에 기여한 스포츠 프로모터이셨고, 그래서 아버지께서도 아주 어렸을 때부터 스포츠에 열심이셨지요. 아버지께서는 실제로

---

1. [옮긴이] 1930's~40's; National Basketball League(NBL): 1950's; National Industrial Basketball League(NIBL): 1960's; National AAU Basketball League(NABL). 여기에서는 NIBL의 전신인 NBL을 말하는 것으로 사료된다.

콜로라도 주 탁구 대회에서 우승하기도 하셨는데 반사능력이 탁월하셨고 한 곳에 서 있을 수만 있었기 때문일 거예요.

구디브 프로 스포츠가 당신께 어떤 영향을 미쳤을까요?

해러웨이 글쎄요, 아버지께서 『덴버 포스트』(*The Denver Post*)지의 스포츠 기자이셨다는 사실은 제게 매우 중요했어요. 아버지와 일 년에 약 칠십 게임을 보러 다녔기 때문에 아주 어릴 때부터 야구득점 계산법을 알고 있었지요. 초등학교와 고등학교 시절에는 농구를 했는데, 잘 하지는 못했지만 아주 열심히 했어요.

우리의 대화는 마침 따스하고 상냥한 미소를 지으며 부엌에 들어선 연한 갈색 머리의 키 큰 남자 때문에 중단되었다. 나는 의식사 프로그램의 대학원생이던 1980년대 중반에 여러 학회와 학과 행사에서 다나가 두 남자와 함께 있는 것을 보았는데, 이들은 1975년부터 다나의 파트너가 된 러스틴 허그니스와, 다나가 예일대학교의 생물학과 대학원생이었을 때 결혼한 제이 밀러였다.

"멋진 와이셔츠를 입고 계시는 군요," 나는 러스틴과 인사를 나누며 말했다. 그는 로얄 블루와 에메랄드 그린이 잘 어울린 버튼다운식의 면 와이셔츠를 입고 있었다. "좋은 대담 자료를 얻었나요?" 다나가 물었다. "물론이요, 한 번의 대담 값으로 두 번의 대담을 얻어 냈어요." 나는 누구를 대담하고 있는지 물었다. "먹장어에 관한 라디오 단편을 만들고 있는 몬터레이만의 생물학자들"이라고 그는 대답했다. "나도 샌타 크루즈 지방 라디오 방송국을 위해 자연사 단편들을 만들고 있어요." 우리는 잠시 동안 자연사에 관해 토론하였고, 이 때 다나가 "롤랜드가 멋진 쇼를 보여 주었어요"라고 말하며 끼어들었다. "사이어자에게 자기의 능력을 보여주려고 얼마나 열심이던지 정말 기뻤어요." 우리 셋은 러스틴이 스튜디오로 일하러 떠날 때까지 각자 집안에서 키우는 동물들에 대해 이야기하였고 대담하는 일이 얼마나 힘든가에 대해 이야기하였다.

구디브 그러니까 당신 아버지는 스포츠 기자이셨군요. 혹시 그런 연유로 당신이 글을 사랑하게 된 건 아닐까요?

해러웨이 절대적으로 그래요. 우리는 저녁을 먹으며 글에 대해 이야기하곤 했어요. 아버지는 글을 잘 쓰셨고 자신의 일을 좋아하셨지요. 팔십일 세인 지금도 일을 하고 계셔요. 올 여름까지도 덴버의 내셔널 리그 야구팀의 공식 점수기록원이셨지요. 어머니는 교육을 많이 받지 못하셨고 그래서 상당히 불행하셨지요. 어머니의 삶은 그런 죄의식 때문에 더 구속을 받으셨고 더 괴로워 하셨어요.

구디브 왜 불행하셨나요?

해러웨이 말하기가 어렵군요. 건강도 좋지 못하셨구요.

구디브 그렇지만 아버지께서도 건강하지 못하셨잖아요.

해러웨이 네, 그러나 어머니의 건강은 생명을 위협할 정도였어요. 어머니는 제가 열여섯 살 때 심장마비로 돌아가셨으니까요. 그 전에도 많이 아프셨다고 해요. 어머니는 가족에게 헌신적이셨고 너무나 작은 세계 속에 갇혀 사셨던 것 같아요. 그러나 가톨릭교를 믿는 매우 강한 신앙심을 갖고 계셨고, 그래서 그 종교가 저의 유년시절뿐 아니라 초기 성인시절까지 끔찍할 정도로 중요한 부분을 차지하였지요. 저는 종교를 심각하게 생각하였고 그래서 어머니께서 다니셨던 고등학교에 진학했어요. 세인트 메리 아카데미라는 학교였는데, 수녀이신 어머니 친구가 교장선생님으로 계셨어요.

구디브 수녀들이 당신께 친절하였나요?

해러웨이 오, 물론이지요. 사실 수녀들은 강력한 영향력을 미치고 있었기 때문에 저는 유년시절의 대부분 수녀가 되기를 원했어요. 의사가 되어서 의료선교사나 메리놀(Maryknoll) 선교수녀가 되기를 원했지요. 당신도 알다시피 식민주의적 상상력이라는 개념은 추상관념이 아니랍니다. 나는 식민주의적 상상력을 갖고 있었어요. 당시 그런 사실을 알지 못했지만 분명히 그랬어요. 그것이 독립적인 여성이 되고 싶어 하는 욕망을 통해 여과되었지요. 신부나 의사가 되고 싶었지만, 신부가 될 수 없으므로 저의 다음 선택이 메리놀 선교수녀가 되는 거였어요. 선교수녀들은 전 세계를 돌며 좋은 일을 하기 위해 떠나는, 정말로 모험을 즐기는 재능이 많고 똑똑한 교육받은 여성들이었거든요. 이제 아시겠지요? 짜릿한 흥분과 모험으로 가득 찬 완전한 식민주의적 상상력이 무엇인지. 저는 정말로 탐험가가 되기를 바라며 컸다고 생각해요.

구디브 그런 공상을 언제까지 했나요?

해러웨이 칠, 팔 학년까지 했던 것 같아요. 그러나 고등학교를 졸업할 때쯤에도 수녀원에 진학할까 심각하게 고려했을 정도였어요. 저는 정말로 헌신적인 가톨릭 신자였어요. 신앙이 나의 지적·정서적 생활의 끔찍할 정도로 중요한 부분을 차지하고 있었지요. 그러나 열살이나 열한 살쯤에 소위 "신앙에 대한 회의"에 부딪치게 되었어요. 열한 살이나 열두 살 정도 되었을 때 당시 예수회 신학교 학생이셨던 외삼촌(어머니의 남자동생)의 친구와 일종의 지적인 우정을 나누게 되었는데, 그 사람은 매우 복잡한 사람이었어요. 나는 캔자스 주에 있는 예수회 신학교로 그와 외삼촌을 만나러 갔었고, 당시 내가 갖고 있던 지적인 문제들을 말하면 그는 심각하게 받아 주곤 했지요.

구디브 정확히 무엇에 대한 회의였나요?

해러웨이 하나님의 존재 증거에 대한 회의와 관련된 거였어요. 그리고 고등학교 시절에는 물론 진화에 대한 여러 해석에 대해 많이 걱정하고 있었어요. 제 주변에 있던 가톨릭 신자들이 반-진화주의자들은 결코 아니었어요. 그러나 그럼에도 불구하고 저는 여러 세부적인 사항들을 조정하고 화해하는 데 어려움을 겪었지요. 저는 매우 강박적이었거든요.

구디브 당신은 어릴 적부터 과학에 관심이 있었던 게 분명하군요. 의사가 되기를 원했던 것을 보면요.

해러웨이 네, 그랬어요. 물리치료사가 되기를 바란 적도 있어요.

구디브   의사가 되고 싶었던 공상은 그 후 어떻게 되었나요?

해러웨이   그대로 남아 있었지요. 그러나 보다 솔직하게 말하자면 저는 젠더억압의 희생자였어요. 당시에 제가 낙태권리에 반대하여 쓴 편지도 지금 갖고 있어요. 고등학교 편집장에게 보낸 편지이지요.

구디브   지금도 갖고 있다고요?

해러웨이   아마 그럴 걸요. 그러나 당신이 볼 수 있는 곳에 있는 건 아니에요. 낙태는 당시 콜로라도 주에서 한창 논의되던 주제였는데, 저는 낙태에 반대하고 있었어요. 젠더와 권위에 대해 매우 보수적인 생각을 갖고 있었고, 이중적인 의식을 갖고 있었거든요. 앞에서 말했 듯이 저는 매우 지적으로 교육을 잘 받은 흥미로운 여성들이자 막강한 권력을 쥐고 있던 수녀들에게서 교육을 받았어요. 그래서 한편으로는 권력을 가진 독립적인 미혼여성들이 저의 삶을 만들었다고 말할 수 있지만, 반면 그 삶은 가톨릭교의 가부장제라는 이데올로기 안에서 만들어진 것이었지요.

구디브   당시 사람들은 그런 여성들을 어떻게 이해했나요?

해러웨이   우스꽝스러운 오리들이라고 생각하고 있었지만 존경을 하긴 했지요. 어떤 사람들은 성적으로 좌절되었다느니 충족되지 못하였다느니 등등 그들에 대해 성차별적인 생각을 갖고 있었지만, 저는 한 번도 그런 생각을 해본 적이 없어요. 제가 본 바로는 그들은 정말로 멋진, 자신만만하고 흥미로운 사람들이었어요. 그런데 저는 그와 동시에 결혼과 아이들에 대해 완전히 관습적인 생각들을 갖고 있었지요. 열 명의 아이들을 낳겠다고 생각하고 있었으니까요.

구디브 열 명이요!!!! 그 대신 의식사학과에서 수많은 제자들을 키우고 계시지요?

해러웨이 네 맞아요. 훨씬 더 많은 제자들을 키우고 있지요. 제가 성 토머스 아퀴나스의 자연법에 대해 읽기 시작한 것도 바로 열세 살쯤이었던 것 같군요. 외삼촌의 그 친구가 읽으라고 추천하였거든요. 그러나 무얼 읽고 있는지 통 알 수가 없었어요.

구디브 그 때가 1950년대이었지요?

해러웨이 네, 1957년에 열세 살이었어요.

구디브 그러니까 1960년대가 바로 코앞에 다가오고 있었군요. 저는 당신의 이런 이미지가 아주 마음에 들어요. 1960년대를 바로 눈앞에 두고, 그리고 소란스러운 청년기를 바로 코앞에 두고, 신앙에 회의하며 성 토머스 아퀴나스를 읽는 열세 살짜리 가톨릭신자 소녀의 이미지 말이에요.

해러웨이 네, 돌이켜 보니 대단한 이미지이네요. 성 토머스 아퀴나스를 읽고 있었고, 고등학교에 막 진학하려 하고 있었으며, 가톨릭교의 가부장제, 냉전시대, 매카시즘이 낳은 여러 결과들 등에 둘러싸여 있었으니까요. 그리고 반-공산주의자이면서 냉전 이데올로기에 확신하던 아일랜드 가톨릭 가정의 관점에서 매카시즘을 경험하였다는 사실은 그 중에서도 가장 중요한 부분일 겁니다. 물론 제 가족은 사려 깊은 사람들이었지만, 미국 중산층의 일부였고 백인 중산층의 구성원들이었으니까요.

구디브 공산주의가 실제적인 위협이 될 수 있다고 생각했나요?

해러웨이 물론이지요. 저는 당시 어린아이였던 제가 공산주의자들에 대한 불안한 공상들을 갖고 있었다고 기억해요. 한 예를 들자면, 우리 교구에 아이들의 고해를 듣는 임무를 맡은 신부님이 한분 계셨어요. 그 분은 미국으로 오시기 전에 아직 붉은 중국이라고 불리던 중국 인민공화국에서 벨기에의 선교사로 일하셨지요. 어쩐 일인지 그 분은 콜로라도 주의 덴버로 오시게 되었고, 우리의 왕 예수 그리스도 교구에서 1950년대의 풍요로운 전후 세대의 퇴폐적인 아이들의 고해를 듣게 된 겁니다. 그는 우리들을 을러대며 생지옥 같은 생활에서 벗어나라고 말씀하시곤 했어요. 그 분은 러시아나 중국의 아이들은 우리처럼 퇴폐적이 아니기 때문에 우리들이 공산주의자들과 싸우면 지게 될 거라고 말씀하시곤 했지요. 그 아이들은 매우 도덕적이고 헌신적인데 반해, 우리들은 아니라는 것이었어요. 그래서 저는 깊은 감명을 받았지요! 다른 말로 하자면, 매우 설득력 있는 이데올로기들에 둘러싸여 있었던 겁니다. 이런 내용들에 대해 여러 해 동안 말한 적이 없어서 좀 당황스럽군요.

구디브 왜요?

해러웨이 글쎄요, 이런 구성요소들 덕분에 오늘날의 제가 있음을 잘 알고 있지만, 제가 그동안 존경했던 유년시절들은 대개 반항적인 유년시절이었다는 생각이 드니까요.

구디브 그렇지만 그런 반항적인 유년시절이 반드시 지금 당신이 갖고 있는 그런 종류의 통찰력을 낳는 건 아니잖아요. 당신의 통찰력은 지금 당신이 비판하고 있는 그런 이데올로기들로부터 그런 강한 영향을 받았기 때문에 생긴 거니까요. 당신이 계층, 권력, 젠더, 인종에 대해 분석할 때 거의 본능적이라고 할 정도로 그렇게 세심할 수 있는 것도 일부는 그런 영향을 받았기 때문입니다. 당신이 어린아이였을 때 흠뻑 젖을 정도로 짙은 영향을 받았기 때문이지요. 당신은 이런 경험을 오로지 지적인 것으로 만들기보다 통절하게 느끼는 겁니다.

해러웨이 당신의 지적이 옳다고 생각해요. 정치, 예술, 학술적인 일, 가르치는 일 등과 관련하여 성인인 저에게 조금이라도 동기를 준 것은 모두 유년시절에 형성된 게 분명해요. 이런 역사들을 모두 체험했기 때문에 가능했지요. 당신이 말한 것처럼, 학자로서 그리고 선생님으로서 우리가 역사들에 반응할 때, 이런 역사들은 추상관념들이 아닙니다. 이것들은 매우 뿌리가 깊지요. 그래서 다시 말하지만, 제가 서양에 대해 말할 때에는 학술적인 분석에서 너무나 쉽게 발생하는 "항상, 어디에서나" 식의— 서양 대(對) 동양 같은— 그런 종류의 추상관념에 대해 말하는 게 아닙니다. 특정한 장소에 대해 말하는 거예요. 북아메리카의 자본의 역사들, 백인 개척자 식민지들의 확장의 역사들 속에 끼어 있는 특정한 장소를 말하는 거지요. 나는 매체, 신문산업, 상업스포츠, 젠더— 이런 **상황들**의 컨텍스트 안에 있는 모든 것들— 와의 특별한 관계에 대해 말하는 겁니다.

구디브 아까 하던 말로 되돌아가 볼까요? 저는 당신이 반-공산주의와 언제, 어떻게 결별하게 되었는지 매우 궁금하군요.

해러웨이 저의 가족은 모든 중요한 점에서 훌륭한 사람들이었어요. 그러나 보다 큰 지성인들의 세계에 대한 인식, 그것은 보다 큰 세계에서 왔지(그녀는 잠깐 말을 멈추었다) 저의 가족에게서 온 게 아닙니다. 아직 고등학교에 다닐 때 케네디가 대통령으로 당선되었고 그 사실로 저는 매우 흥분했었어요. 따라서 케네디 타입의 자유민주당원이 되었지요. 이런 사실 역시 제가 여전히 냉전시대의 반-공산주의에 깊이 뿌리박고 있었음을 분명하게 보여주지요. 그러나 지적인 생활이 매우 중요해진 때도 고등학교 시절이었어요. 그런 생활이 저를 심각한 사상의 세계로 안내해 주었지요. 그래서 그때 가톨릭 좌파의 일원이 되었어요. 그리고 대학 졸업 직후 풀브라이트 장학금으로 프랑스에서 유학했고, 귀국한 후에는 덴버에서 반전운동에 깊숙이 관여했지요. 물론 대학 말기에 이미 베트남전쟁이 저의 생각을 많이 바꾸어 놓았지요. 공민권 운동(Civil Rights Movement)[2]이 그랬던 것처럼 말이지요. 그렇지만 당시에는 어떤 정치적인 일도 저에게는 종교적인 동기에서 비롯된 가톨릭 활동을 의미했어요. 실제로 저는 예수회 대학에 가기를 매우 희망하였지만, 관심이 있던 대학이 콜로라도 주 밖에 있어서 진학할 돈이 모자랐어요. 그리고 덴버에 있는 예수회 대학에는 가기가 싫었어요. 그곳은 집에서 너무 가까웠고, 저는 집을 떠나 살고 싶었거든요. 그래서 콜로라도 주의 어떤 대학에도 다닐 수 있는 전액 장학금 — 방값, 식비, 책값, 그리고 학비 — 을 받게 되었을 때 콜로라도대학으로 진학하게 되었고, 보다 독립적인 생활을 하게 되었지요. 그리고 제가 그동안 교육받았던 가톨릭 해석과 반-공산주의로부터도 자연스레 멀어지게 되었어요. 정치, 종교, 학문에 대한 보다 넓은 감각에 눈을 떴기 때문이지요.

구디브 무엇을 전공했나요?

해러웨이 동물학, 철학, 문학 등 세 개를 전공했어요.

구디브 어머니의 죽음으로 고등학교에서 대학으로 진학할 때 많이

---

2. [옮긴이] 공(시)민권운동. 미국에서 특히 1950~60년대에 행해졌던 흑인차별철폐를 위한 비폭력적 시위운동이다.

우울했을 것 같은데요?

해러웨이 그 사건은 그보다 더 나중에 큰 상처가 되었어요.

구디브 오랫동안 꿋꿋하게 잘 버틴 것 같군요. 그러나 저는 당신이 대학진학 경위와, 반-공산주의 및 가톨릭 세계관으로부터 멀어진 경위에 대해 말할 때, 어머니의 죽음이 그동안 받은 교육으로부터 당신을 멀어지게 한 게 아닌가 하는 의심이 드는군요.

해러웨이 당시 저는 어머니의 상실을 단절과 마비로 경험하였고, 그 경험은 오랫동안 저를 떠나지 않았어요. 중년이 되어서야 감정적으로 어머니의 죽음을 믿을 수 없는 기막힌 상실로 경험하게 되었지요. 제가 열여섯 살이었을 때 외부세계로부터 엄청난 인정을 받고 있었다는 걸 당신은 이해하셔야 해요. 그러니까 제 삶 속에 어리석음— 감정적 어리석음—과 결합된 일종의 추진력(momentum)이 있었던 거지요. 제 가족은 감정을 쉽게 표현하는 사람들이 아니었어요. 제가 지금 오십삼 세인데요, 겨우 십오 년 전부터 어머니의 죽음을 감정적으로 다룰 수 있게 된 겁니다.

구디브 그 시기는 제이가 사망한 시기와 관련이 있나요?

해러웨이 물론 있지요. 절대적으로 관련이 있어요. 그러나 제이가 죽기 전에 이미 어머니의 죽음을 경험하기 시작했어요. 그러나 제이의 죽음, 그리고 그 전에 있었던 그의 애인 밥(필로미노)의 죽음으로 그런 종류의 상실이 절대 돌이킬 수 없다는 사실, 그리고 타협할 수도 없다는 사실 등을 인식하게 되었지요. 그리고 그 외의 다른 것도 상실했어요. 모든 걸 할 수 있고, 모든 걸 가질 수 있다는 믿음도 상실했거든요. 진보와의 순진한 관계를 잃었어요. 저는 진보라는 게 얼마나 거짓인가를 깨달았지요.

구디브 개개인으로서 우리들이 절대적인 통제 아래에 있다는 말씀이십니까?

해러웨이 맞아요. 통제, 그리고 그런 모든 것들을 말합니다. 당신 몸 내부의 섬유질까지 파고드는 죽어야 할 운명이라는 인식의 경험 말입니다. 저는 어머니가 돌아가셨을 때의 연세와 거의 같은 나이가 되어서야 비로소 어머니의 죽음에 직면하게 되었어요. 그리고 그 당시에 저는 부정과 동일시라는 일종의 이중적인 마음의 움직임을 경험하게 되었지요. 어머니의 죽음이 나에게 가했던 충격에 대한 부정과 내가 어머니의 삶을 살고 있다는 느낌이 동시에 있었던 겁니다. 다른 말로 하자면, 어머니가 돌아가신 사십이 세의 나이에 나도 심장마비로 죽으리라, 그리고 내 몸이 어머니의 몸이다라는 절대적인 확신이 있었어요. 신념처럼 이런 것들을 느낀 게 아니라 마치 사실처럼 느꼈어요.

구디브 그래서 사십이 세에 무슨 일이 일어났습니까?

해러웨이 실제로 큰 변화가 일어나지는 않았어요. 그러나 그때 이후 저는 제가 어머니가 아니라는 걸 분명하게 알게 되었지요. 어머니의 죽음이 제게 끼친 감정적 충격이라는 견지에서의 어머니의 죽음에 대한 부정도 훨씬 줄어들었어요. 어머니를 잃었다는 사실을 실제로 납득할 수 있게 된 것도, 내가 그녀가 아니라는 사실을 진실로 깨달았을 때였으니까요. 이런 게 말이 된다면 말이지요.

구디브 물론 말이 되지요. 제가 추측하기에 그 오랜 세월 동안 어머니를 간직할 수 있었던 유일한 방법이 그녀가 "되는" 것이었을 겁니다.

해러웨이 말 그대로 죽음을 목표로 삼는 일까지 포함해서요. 사실 저는 어떤 점에서는 그와 똑같은 의료상황에 있었어요. 저 이외의 많은 사람들도 실제 그런 경험을 하지요. 그리고 반복이라는 개념은 생물학적 과정이기보다 심리학적 과정이에요. 달리 말하자면 생물학은 끝없는 변동에 관한 학문인 반면, 심리학에는 반복 강박이라는 개념이 있지요.

구디브 어머니보다 오래 살면서 사십이 세를 잘 넘겼지만, 이 때가 깊은 숙고의 순간이었던 것 같군요.

해러웨이 사십대 초반에 진정한 전환점이라고 부를 만한 순간들이 있었어요. 특히 제 작업을 둘러싸고 있었지요. 당시에 저는 『영장류의 시각』(*Primate Visions*)의 교정 작업을 하고 있었으니까요.

구디브 자신이 죽어야 할 운명임을 깨닫던 고양된 인식의 시기에 당신은 학위논문 이후의 첫 주요 저서인 『영장류의 시각: 근대과학 세계 속의 젠더, 인종 그리고 자연』(*Primate Visions: Gender, Race, and Nature in the World of Modern Science*)의 출판을 목전에 두고 있었군요.

해러웨이 네.

실재는 형식의 끊임없는 변화이다. 형식은 추이를 스냅사진으로 본 것에 불과하다.

앙리 베르그송[1]

형식의 역사

구디브 생물학 중에서도 어떤 부분에 관심이 있었나요?

해러웨이 지금 생각해 보면 이미 고등학교 시절부터 줄곧 하나의 완전한 유기체를 재생시킬 수 있는 세포에 흥미를 가졌던 것 같아요.

---

1. 앙리 베르그송, 「형식과 생성」, 『창조적인 진화』(미네소타, 뉴욕: 도버출판사, 1998. ⓒ 1911), 302쪽.

구디브 대학원에 진학한 이유가 생물학에 대한 철학을 공부하기 위해서였습니까?

해러웨이 아니요, 생물학을 공부하려고 예일에 갔어요. 대학교[2] 졸업 후 풀브라이트 장학금으로 파리에 가서 테이야르 드 샤르댕 연구소(Fondation Teilhard de Chardin)에서 진화철학과 신학을 공부했지요. 그리고 나서 예일대학원에 진학하여 생물학을 공부했습니다. 제가 연구하고 싶었던 게 발생생물학이었고, 마침 예일대학원에 좋은 프로그램이 있었거든요. 1968년에는 또 매사추세츠 주의 우즈 홀에 있는 해양생물학연구소에 갔었어요. 그곳에 여름 내내 매일 밤 매일 낮 수정과 재건(redevelopment)에 관해 연구하는 집중적인 해양 발생학(embryology) 과정이 있었거든요. 우리는 어마어마한 양의 해양 유기체를 보았고 막대한 양의 해양유기체를 관찰했으며, 조심스러운 실험작업을 했어요. 저는 피막동물(tunicates)에 관심이 있었는데, 아마도 일종의 식민 생물 유기체(colonial biological organism)라고 불러도 될 겁니다. 개충(zooid)이라고 불리는 것들로 구성되어 있거든요. 달리 말하자면, 거의 동물에 가까운 작은 동물원형질(animal-ids)로 구성되어 있는데, 이들은 주근(stolon)이라 불리는 세관(tubule) 형태의 순환계로 부착되어 있는 주머니에 불과하지요. 그러니까 개충과 주근, 그리고 개충 등등이 있는 셈이지요. 이것들을 지칭하는

---

2. [옮긴이] 본문의 이 부분에는 고등학교 졸업 후 파리로 간 것으로 되어 있으나, 여러 컨텍스트상 대학교 졸업 후가 맞으므로 대학교 졸업 후로 번역하였다.

흔한 이름이 바로 씨-그레이프(sea-grapes)[3]예요. 선창과 말뚝 위에서 이것들을 보면 금방 알아볼 수 있을 겁니다. 좀 미끈덕거리고 매우 멋지지요!

구디브 그것들을 터뜨릴 수 있나요?

해어웨이: 네, 터뜨릴 수 있어요. 기본적으로 반강체이니까요. 그것들을 해부 현미경 아래에 놓으면 주근과 인접한 개충들 사이를 이어주는 순환세포들을 볼 수 있어요. 유성생식을 할 필요는 없어요. 한 부분을 손상시키면, 곧 재생되니까요. 저는 완전한 유기체 — 완전한 개충 — 를 재생시킬 수 있는 소위 "분화전능의(totipotent) 줄기세포"[4]에 흥미를 갖게 되었지요. 그래서 대학원에서 이 피막동물 재생연구에 어느 정도 관여했었지만 성공하지는 못했어요. 학위논문으로 발전시키려고 애쓰다가 점점 더 흥미를 잃게 되었거든요. 저는 생물학을 문화적 · 지적 담론으로 연구할 때에는 곧잘 했지만, 실험실에서 하는 실험으로는 영 마음이 끌리지 않았어요. 잘 하지도 못했고요. 세상을 알아가는 하나의 방법으로서 생물학에 마음이 간 겁니다.

---

3. [옮긴이] 식물을 나타내는 '바다포도,' 오징어류의 알껍질을 일컫는 '난각' 등의 여러 가지 뜻이 있으나, 여기에서는 해양동물로 *Molgula manhattensis*를 의미한다. 이끼벌레나 히드로충 같은, 해조류처럼 보이는 동물로, 떠있는 선착장이나 배 밑에서 군체를 이루고 있는 모습을 흔히 발견할 수 있으며, 통통하게 생겨 세게 찌르면 터진다.

4. "분화전능의 줄기세포는 모든 종류의 세포를 구별할 줄 아는 능력을 보유한 유기체 내의 세포이다." 다나 J. 해러웨이, 『겸손한_목격자@제2의_천년.여성남자ⓒ앙코마우스™를_만나다: 페미니즘과 기술과학』(*Modest_Witness@Second_Millennium.FemaleMan*ⓒ_*Meets_OncoMouse*™: *Feminism and Technoscience*)(뉴욕: 러틀리지, 1997), 129쪽.

구디브 어떻게 학위논문 주제를 정하게 되셨어요?

해러웨이 자격시험을 치른 후 한창 고민에 빠져 있던 여름이었어요. 당시 저는 생물학자가 될 것이냐, 즉 실험실에서 작업을 해야 하느냐 하는 고민에 빠져 있었지요. 이 때는 1969년으로 정말로 실험실에서 작업하고 싶지 않았어요. 그래서 그 여름을 우울증에 빠져 눈물로 지새우고 있었지요. 어디에도 못 가고 실험실에서 작업을 하고 있었지만, 하는 일이 마음에 들지 않았어요. 그때 후에 제 학위논문의 중요한 상담자가 된 이블린 허친슨(Evelyn Hutchinson)과 의논을 하러 찾아 갔지요. 그는 제가 연구한 적이 없는 전혀 다른 프로그램에 종사하고 있던 생물학과 소속의 생태학자였어요. 영국인이었고 막대한 문화적 자본을 갖고 있는 다윈집안이나 헉슬리집안 같은 명문 출신이었지요. 지극히 이단적인 학설에 끌리는 경향의 여성들을 습관적으로 후원하고 있었어요. 저는 온화한 그들에 비하면 편이었어요.(웃음) 그는 기본적으로 여성 편을 드는, 특히 지적인 여성들의 편을 드는 구(舊)학파의 영국 페미니스트이었어요. 매우 똑똑했고 상당한 권력을 가진 걸로 유명했지요. 여러 면에서 미국 생태학, 특히 이론생태학을 만든 사람들이 바로 허친슨학파예요. 그는 저를 좋아했고 제 작업을 좋아했어요. 그래서 저는 그의 실험실로 거처를 옮겼고 과학사, 철학, 생물학의 혼성물인 학위논문을 쓰게 되었습니다. 실험작업을 기초로 한 논문이 아니라 실험생물학에서 실험을 할 때 사용되는 은유에 관한 논문이었지요. 논문 제목은 「크리스탈, 직물, 그리고 장(場): 20세기의 발생생물학에서 사용된 유기체의 은유들」이었어요.

저는 1968년에 토머스 쿤에 대해 읽었고, 여러 다른 해석적 패러다임들을 같은 표준으로 비교할 수 없다는 그의 말에 큰 흥미를 느꼈어요. 그러니까 논문 「크리스탈, 직물, 그리고 장(場): 20세기의 발생생물학에서 사용된 유기체의 은유들」은 1976년 책으로 출간되었지만, 원래는 1970년과 1972년 사이에 토머스 쿤에 매료되어 쓴 논문이지요. 약간 수정하여 책으로 발간한 겁니다.

구디브 대담 준비를 하면서 최근에 그 책을 읽었는데, 그 책이 보다 광범위하게 읽혀지지 않는 게 놀라웠어요. 생물학자가 아닌 저에게 지나치게 전문적인 책이 아닐까 생각했었지만, 그와 정반대였거든요. 그 책에서 당신은 유기체론에 대해, 현재 발전 중인 20세기 생물학의 의미 깊은 조직원리 — "활력론"(vitalism)과 "기계론"을 대신할 대안 — 라고 명백하게 주장하셨고, 생물학과 미학 간의 연관관계도 멋지게 밝히셨지요. 그 책 전체가 저 같은 비전공자들이 광범위한 철학적 논쟁과 관련지어 20세기 생물학의 추세를 이해하는 데 아주 큰 도움이 되었어요.

해러웨이 저는 생물학의 모든 이론체계가 중심적인 은유에 얼마나 의존하고 있는지에 관심이 있었고, 그와 더불어 로스 G. 해리슨(Ross G. Harrison)[5], 조셉 니담(Joseph Needham)[6], 폴 바이스(Paul Weiss)[7]

---

5. [옮긴이] 1870.1.12~1959.9.30. 미국의 동물학자. 존스홉킨스대학교에서 수학. 존스홉킨스대학교 강사 및 부교수. 에일대학교 비교해부학 교수, 동물학 교수. 척추동물 신경세포의 발생을 연구하여 축삭이 신경세포체의 돌기인 것을 확인했다. 신경의 조직배양법을

등이 개발한 생물학의 유기체론 모델에도 흥미가 있었어요. 해리슨이 도롱뇽의 다리 재생에 대한 연구를 공식화한 방법에 관심이 있었지요. 그와 여러 다른 학자들은 수정란의 초기 패턴 구성물들과 이런 과정들을 결정하는 분열들에 관심이 있었어요. 무엇이 분열들을 유발시키는지, 세포가 어떻게 구별하는 법을 아는지? 세포가 어떻게 꼬리의 끝이 아니라 머리의 끝인지 아는지? 무엇이 이런 구별을 촉발시키는지? 저에게 특히 관심이 있었던 것은, 사람들이 이런 의문점들을 겪으며 사고할 때 호르몬이 선(腺)의 활동을 자극하는 향성(向性) 구조였어요. 해리슨, 니담, 그리고 바이스[8] 모두 다른 배경을 가지고 생물학을 연구하게 되었지만, 그들은 각자 액체, 크리스탈, 직물, 장(場) 등의 유기체에 관한 은유들을 통해 발생학에 접근하였지요. 그런 유기체론적 모델은 그 이전에 생물학을 분열시켰던 "활력론"과 "기계론"이라는 양극을 대신할 대안이었지요.

구디브 예일에 있을 당시 문학비평에 어떤 참여를 했나요? 당시는

창시하고 부속지의 측성 등의 실험발생학적 연구를 하였다.(『생물학 사전』, 한국생물과학협회 편)

6. [옮긴이] 1900.12.9~1995.3.24. 영국의 발생학자, 생화학자. 케임브리지대학교에서 Ph. D. 1933년부터 케임브리지대학교 생화학 강사. 배발생을 조절하는 화학물질을 연구하는 등 발생생화학의 기초를 세웠다.(『생물학 사전』)

7. [옮긴이] 1898.3.21~1989.9.8. 미국의 발생생물학자. 오스트리아 출생. 빈의 과학아카데미 생물학연구소, 카이저헬름 연구소에서 연구. 1931년 도미하여 시카고대학교 교수를 거쳐, 록펠러 의학연구소 연구원으로 봉직. 주로 척추동물을 이용하여 재생, 신경계의 발생, 세포의 발생학적 행동 등 다방면의 연구를 하였다. 형태형성에 관한 장(場)의 이론을 전개하여 '분자생태학'을 제창하였다.(『생물학 사전』)

8. [옮긴이] 원문에는 "Harrison, Needham, and Ross"라고 되어 있으나, Ross가 Weiss의 오타인 것으로 사료되어 "해리슨, 니담, 그리고 바이스"로 번역하였다.

데리다, 해롤드 블룸, 피터 브룩스, 폴 드 망 같은 인물들 덕분에 미국 해체비평이 한창이던 때였는데요?

해러웨이 저는 해체비평에 대해 전혀 모르고 있었어요. 수년 뒤 존스 홉킨스의 교직원이었을 때 비로소 그들에 대해 듣게 되었지요. 그 때에는 데리다가 홉킨스에서 강의를 하고 있었고, 예일대학교의 상당 부분이 홉킨스로 이전해 있었어요.

구디브 그들의 작업에 익숙해졌을 때 쉽게 이해하셨나요?

해러웨이 아니요. 나와 관련이 있는 한 그들은 다른 별에서 온 사람들처럼 느껴졌어요. 저는 그들이 하고 있던 작업과 아무런 관계가 없었으니까요. 지금까지 관련이 있었던 적이 없어요. 사람들은 저에게 데리다를 읽었느냐고 물어보지요. 제가 한 작업과 유사해 보인다고요. 저는 그의 작업을 대단히 존경하지만 그 작업이 제게 중요했던 적은 없어요. 가야트리 스피박의 작업은 저에게 중요했어요. 왜냐하면 그녀는 해체비평을 반인종주의적 페미니즘 이론에 병합시키니까요.

구디브 예일대학원의 생물학과는 당신이 은유에 대한 학위논문을 쓴다고 했을 때 얼마나 관용을 보였나요?

해러웨이 예일대학교의 정치가 너무나 관용적일 때 제가 그곳에 있었어요. 허친슨은 권력이 막강한 사람이었고, 저는 시험성적이 매우 우수했었지요. 사람들이 저를 신뢰할 만큼 모든 일을 잘 했었어요. 그리고 허친슨의 실험실은 사고하기에 매우 좋은 활기에 찬 곳이었지요. 우리는 실험그룹의 일부가 되어 실험실에서 모든 문학적 · 철학적 · 사색적인 작업을 했지요. 그는 매우 광범위하게 지적이었고 종래의 의미 그대로 매우 인간적이었어요. 그의 취미에는 중세 이탈리아의 채식원고9 연구도 들어 있었어요. 그런데 중요한 문제는 제가 당시나 지금이나 생물학의 모든 공간이 어떤 특정한 종류의 유전학 이데올로기에 의해 점유당하고 있다는 사실에 놀란다는 겁니다. 그리고 그런 똑같은 이데올로기가 복잡성을 잘못 기술(記述)하고 과정을 잘못 기술(記述)하며, 그 대신으로 "복잡성"을 "사물"로 물신화하고 고정시키며 구체화한다는 데에 놀라지요. 알프레드 노스 화이트헤드(Alfred North Whitehead)10는 미국의 실용주의 특히 찰스 퍼스(Charles Peirce)11와 과정철학 특히 하이데거의 『존재와 시간』만큼 저에게 상당한 영향을 미쳤습니다. 프랑스의 포스트구조주의자들이

9. [옮긴이] illuminated manuscripts는 채색(彩色), 금자(金字), 그림 따위로 장식된 원고를 말한다.

10. [옮긴이] 1861.2.15~1947.12.30. 영국의 철학자 및 수학자. 케임브리지대학교에서 수학을 전공한 후 1885~1911년 동대학교의 강사, 1914~24년 런던대학교 교수, 1924~37년 미국 하버드대학교 철학교수 역임. 버트랜드 러셀과 함께 『수학의 원리』집필. 저서로는 그의 최고의 저서이자 그의 과정철학을 보여주는 『과정과 실재』가 유명하다.

11. [옮긴이] 1839.9.10~1914.4.19. 매사추세츠 주 출생. 실용주의의 창시자이다. 하버드대학교 졸업. 미국 연안 측량부 기사로서 기술면에서 갖가지 공헌을 하는 한편, 철학 및 논리학에 대한 독창적인 논문을 발표. 개념이란 그 개념으로부터 나오는 실제 결과에 지나지 않으며, 이것이 실용주의의 기본적인 문제로서, W 제임즈, J. 듀이에게 계승되었다. 논리학에서 '관계의 논리학' 영역에 뛰어난 업적을 남겼으며 B. 러셀에게 영향을 미쳤다.

아닌 이런 사람들이 바로 제 계보이지요. 알프레드 화이트헤드와 하이데거를 통해 많은 연고가 생겼어요. 저는 특히 하이데거의 언어를 사랑합니다.

구디브 그런 말을 들으니 참 반갑군요. 왜냐하면 하이데거에 대해 당신께 묻고 싶었거든요. 최근 혼자 아비탈 로넬(Avital Ronell)[12]의 작품과 관련지어 하이데거를 읽으면서, 당신이 제가 미처 깨닫지 못한 깊은 심층적인 영향을 그에게서 받지 않았나 하는 생각이 들었어요. 하이데거의 「당신은 무엇을 사유라고 부르십니까?」(What is Called Thinking?)의 한 부분을 읽을 때마다 당신, 당신의 교수법, 그리고 선생님이자 사상가로서 당신이 받은 유산 등을 생각하게 되거든요. 하이데거가 구(舊)영어인 *thencan*, 즉 "to think"와 *thancian*, 즉 "to thank"가 같은 어원에서 나왔음을 밝히고, "사유"와 "감사"가 공유하고 있는 어원이 가장 깊은 의미의 사유와 어떤 관련이 있는지 전개시킨 곳이 바로 이 부분이지요. 예를 들어 한 사람이 사유를 하고 있을 때 그 사람은 감사를 드리고 있는 겁니다. 왜냐하면 한 사람이 사유를 하고 있을 때 그 사람은 언제나 그가 읽었거나 그에게 영향을 준 사상들과 다른 것을 발전시키고 있는 거니까요. 그래서 사유는 또한 기억과 관련이 있지만, 사유하면서 어떤 사상을 발전시키도

---

12. [옮긴이] 프라하에서 출생. 프린스턴대학교의 Ph. D. 뉴욕대학교 독어과 교수. 버클리의 캘리포니아대학교에서 행위예술가이자 비교문학교수 역임. 문화비평가로 유명하며 "해체비평의 검은 숙녀" 또는 "상아탑의 테러리스트"로 존경받음. 특히 아비탈 로넬은 미국과 유럽의 이론전통에 가교를 놓으며, 윤리학 및 미학뿐 아니라 과학기술 및 커뮤니케이션에 대한 해체비평적 글읽기에 공헌하였다.

록 도와준 다른 사상들을 "기억"하는 그런 종류의 기억과만 관계가 있지요. 그러나 그 책은 이것 이상의 의미를 갖고 있고, "thanc," 기억, 사유 간의 연관관계를 통한 사유에 관한 것이지요. 이런 대담을 하면서 여기에 앉아 있는 우리 두 사람과 특히 관련이 있는 듯이 보이는 글이 여기에 있습니다.

> 이런 천부적인 재능에 어떻게 감사를 표할 수 있을까? 매우 사유 유발적인 것을 사유할 수 있는 재능에 어떻게 감사를 표할 수 있을까? 가장 사유 유발적인 것을 사유하는 것 이상으로 더 적절하게 이런 천부적인 재능에 감사를 표할 수 있는 방법이 있을까? 그러므로 최고의 감사는 사유일 것이다. 그리고 가장 심오한 배은망덕은 사유하지 않음이 아닐까? 그러므로 진정한 감사는 천부적인 재능을 지니고 있으면서 천부적인 재능을 천부적인 재능으로 단순히 되갚는 데 있는 것이 아니다. 순수한 감사는 오히려 단순하게 사유하는 것이다. 진정으로 유일하게 주어진 것, 즉 사유해야 할 것을 사유하는 것이다.[13]

저는 특히 최고의 배은망덕은 사유하지 않음이라는 아이디어가 마음에 드는데 이것은 정말 사실인 것 같습니다.

해러웨이 저도 매우 좋아합니다. 최근에 읽지는 않았지만 하이데거의 전형적인 표현 방식이군요. 그러나 저는 하이데거의 「과학기술에 대한 물음」(The Question Concerning Technology)이라는 글을 싫

---

13. 마틴 하이데거, 「당신은 무엇을 사유라고 부르십니까?」 강의 III, 제2부(뉴욕: 하퍼와 로우, 1968. ⓒ 1954 *Was Heisst Denken?* [J. 글렌 그레이(J. Glenn Gray) 역], 143쪽.

어한다고 말해야겠군요. 그 글은 너무나 독단적이고 자연과학적 탐구의 창조성에 관해 전혀 알지 못하고 있어요. 자원화(resourcing)에 관한 그의 불만은 전반적으로 독단적 편협성과 다름없지요.

구디브 제 생각에 그 문제는, 하이데거가 「과학기술에 대한 물음」에서 너무 복잡한 개념과 언어를 사용했기 때문에, 독자들이 과학기술에 대한 그의 사고에 대해 환원적 글읽기에 빠지기 쉽다는 데 있습니다. 저도 당신의 저술을 읽기 전에는, 세상을 통제 및 자원으로 취급하고 사유하는 전체 체계로서의 과학기술이 가진 여러 위험에 대해 그런 안일한 환원적 글읽기를 했었지요. 많은 사람들이 하듯이 환원적 방식으로 글을 읽으면, 하이데거가 과학기술을 도구적인 것으로만 생각한 듯이 보입니다.

해러웨이 저는 그런 생각이 어리석다고 생각해요.

구디브 그러나 하이데거는 전쟁, 파시즘, 과학기술이 매우 복잡하게 얽혀 있던 특수한 문화적·역사적 컨텍스트 내에서 과학기술에 대해 사유하고 의문시하였습니다. 그는 분명히 그런 취지의 강의를 했고, 그것이 전후 1950년대 중반에 「과학기술에 대한 물음」이라는 글로 출판되었지요.

해러웨이 당신의 주장을 잘 압니다. 그러나 과학기술을 부정하는 일종의 전통이 있어요. 사실 과학과 기술을 부정하는 일종의 전통이 존재합니다. 과학과 기술이 반인간적인 영역이라는 거지요. 이런 종류의 지식실천에 대해 해명하려고 노력하는 것 자체가 그런 문제의 일부이겠지요. 그래서 현재 과학연구가 진실탐구로서 흥미로운 겁니다. 그 탐구집단이 리 스타(Leigh Star)[14]이든, 샤론 트래위크(Sharon Tra-week)[15]이든, 브루노 라투르(Bruno Latour)[16]이든, 미셸 깔롱(Michel Callon)[17]이든 간에 말입니다. 이런 사람들은 모두 과학실천을 짙고 — 기호학적으로 그리고 물질적으로 — 풍요로운 역사적 실천이라고 이해합니다. 그래서 과학기술의 도구성에 대한 이런 부정적인 철학과 부정적인 정치이론은 그들 어느 누구에게도 깊은 감명을 주지 못하지요.

구디브 당신의 흥미를 끈 것은 발생생물학의 어떤 부분이었습니까? 혹은 어떤 점에서 그 학문이 선도적이라고 생각했나요?

해러웨이 글쎄요, 저는 형식의 역사와, 형식의 발생 및 형성 과정에

----

14. [옮긴이] 현재 샌디에이고의 캘리포니아대학교 커뮤니케이션학과 교수. 1983년 샌프란시스코의 캘리포니아대학교에서 사회학 학사학위를 취득하였다.
15. [옮긴이] 현재 UCLA의 역사학과 부교수. 이전에 라이스대학교의 인류학과에 봉직했으며, MIT의 인류학 및 고고학 프로그램과 과학, 기술, 그리고 사회 프로그램에 참여하였다.
16. [옮긴이] 1947년 부르고뉴 출생. 철학과 인류학 전공. Ecole des Mines de Paris 교수역임. 철학, 역사, 사회학, 인류학에 관한 연구에 덧붙여 제 학문을 과학정책과 연구경영에 대한 연구와 병합시켰고, 과학적 사실이 사회 속에서 구성된다는 구성주의를 주창하였다.
17. [옮긴이] 현재 혁신의 사회학 센터(Centre de Sociologie de l'Innovation)의 연구원으로 봉직. Ecole des Mines de Paris 출신. 과학, 기술, 건강, 혁신, 연구정책 등에 대해 연구하고 있다.

관심이 있었고, 지금도 여전히 관심이 있지요. 이런 것들에 대해 연구하는 학문이 바로 발생학과 발생생물학입니다. 이런 학문들은 당신으로 하여금 완전한 유기체들과 관련하여 오랜 시간을 거쳐 진행되어 온 형식의 역사에 대해 생각하도록 만들지요. 이 학문들은 정지상태의 순간에 대해 연구하는 게 아니라, 오랜 시간을 거친 생물학적 과정과 형태의 발생에 대해 연구하는 학문이에요. 그리고 분자생물학은 너무나 멋진, 그러나 내가 대학원에 다닐 때에는 존재하지 않았던 패턴구성의 유전학에 대해 사고할 수 있도록 도구를 제공해 주었지요. 나는 유전학에 관심이 있었고 지금도 그러 하지만, 제가 반해 있던 부분은 완전한 유기체, 즉 유전자들로 구성된 보다 복잡한 실재물(實在物, entity)이었습니다. 완전한 실재물들은 유전자들의 결과가 아닙니다. 오히려 유전자가 오랜 시간에 걸쳐 이런 패턴 속으로 복잡하게 통합되게 된 일부분이지요. 유전자들은 그런 과정 속에 끼어들기 위한 이름이에요. "유전자"라는 이름이 부여된, 그 구조적 과정의 어떤 특정한 부분이 갈라져 나온 거지요.

구디브 생물학이 당신에게 실험실 실습이기보다 해석체계였던 시절에 흥미가 가는데요.

해러웨이 저는 언제나 생물학을 두 겹으로 읽었어요. 즉 세계가 생물학적으로 작용하는 방식과 세계가 은유적으로 작용하는 방식으로 읽었지요. 제가 좋아하는 방식이 바로 비유적인 것과 사실적인 것의 만남이지요. 이것은 저의 가톨릭 성찬중시주의[18]의 한 예이기도 하고요. 저는 생물학적 현상의 강력하게 물리적인 실재물들에 대해 사유하고서는, 그들로부터 거대한 서사들, 당신이 다른 표현을 원하신다면, 우주적인 역사들을 얻게 됩니다.

구디브 대학원 시절 이런 관계를 특히 분명하게 느꼈던 순간을 기억하십니까?

해러웨이 그것은 실제로는 대학원에 들어가기 이전이었어요. 그러나 대학원에서 세포가 무엇인지에 관해 어느 동료와 논쟁을 했던 기억이 나네요. 저는 세포라는 것이, 상호작용으로부터 독립된 영역들을 갖고 있지 않은 과정들을 우리가 매우 심오한 방식으로 부르는 이름이라고 주장하였습니다. 달리 말하자면, 그 영역들이 상호작용과 명명의 결과라고 주장한 거지요. 그렇다고 세계가 "만들어진" 거라고 주장하는 게 아닙니다. "세포"라는 서술적 용어가 그 속에 들어 있는 어떤 것이나 그 물체 자체를 명명하는 게 아니라, 일종의 역사적인 상호작용을 일컫는 이름이라는 거지요.

구디브 당신의 동료는 어떻게 생각하였나요?

해러웨이 제가 미쳤다고 생각했지요. 그러나 저는 추상관념에 대해 말하고 있는 게 아니에요. 지금 당장 여기에서 알 수 있어요. 당신이

---

18. [옮긴이] 구원이 교회의 성례전을 통해 전달된다는 신학사상이다.

있고, 제가 있고, 녹음기가 있어요. 그리고 다른 순간이 아닌 바로 이 순간에, 이런 형태로 세계를 생산하고 있는 상호작용이 있어요. 그러나 조금 뒤로 돌아갑시다. 생물학에 대해 토론할 때 두 가지 양상에 대해 강조해야 해요. 첫 번째 양상은 다음과 같아요: 우리는 생물학 세계 "로서" 그리고 생물학 세계 "속에서" 친밀하게 살고 있습니다. 이것은 분명해 보일 수 있지만, 저는 생물학에 대해 말할 때 우리가 말하고 있는 내용의 평범함이나 일상적인 성질을 되풀이하기 위해 이 점을 강조하지요. 그리고 이전의 양상으로부터 주요한 게슈탈트적 전환[19]을 하였음을 나타내는 두 번째 양상은 다음과 같아요: 생물학은 담론이지, 세계 그 자체가 아니다. 그러므로 나는 한편으로는 유기체로서 물질적으로 · 기호학적으로 살고 있고, 특히 지난 200년 동안 억류되어 있던 매우 구체적인 종류의 전통, 관습, 돈의 유통, 기술, 제도들 속에서 일종의 역사적 정체성을 갖게 된 반면, 여러 노동체계들, 즉 위계질서적 축적 및 배분, 효율성, 생산성 체계들 속에 복잡하게 갇혀 있는 생물학의 내부에도 들어와 있어요. 동시대의 생태학에는, 생태계가 생산하는 "서비스"를 평가하는 널리 홍보된 토론들이 있었지요. 예를 들어, 산업문화가 배출하는 이산화탄소를 식물들이 흡수할 때 식물들 자체가 산업경제에 서비스를 제공하는 서비스 제공자가 됩니다. 그런 사고형태는 은유 이상의 겁니다. 자연 · 문화 세계가 어떻게 구성되어 있는지 알게 되는 심오한 방법이지요.

---

19. [옮긴이] 토머스 쿤의 『과학혁명의 구조』에 나오는 구절로 똑같은 현상을 완전하게 다르게 인지하는 인간의 능력을 지칭한다.

구디브 일종의 귀기울이기이군요.

해러웨이 그리고 당신이 듣고 보는 것에 따라 행동하기이구요. 생물학 내부에 산다는 것은 자연-문화 내부에 사는 겁니다. 자연의 복잡성이라는 경이로움 내부에 존재하는 것뿐 아니라 역사 내부에 존재하는 겁니다. 저는 전자를 매우 중요하게 생각한다고 인정해요. 그러나 우리가 생물학에 대해 말할 때 최종적인 결과는, 세계와 관계를 맺는 구체적인 방법에 대해 말하는 겁니다. 동시에 생물학을 정치경제와 매우 흡사한 담론으로 산출하는 거지요. 이 둘은 모두 생산성과 효율성에 관한 담론이니까요.

구디브 『겸손한_목격자』(*Modest_Witness*)에서 당신은 생물학이 실제로 어떻게 20세기의 "인문학"이 되었는지 토론하고 있습니다. "생물학적 서사, 이론, 과학기술은 20세기 말 인간 경험의 거의 모든 양상과 관련이 있는 것처럼 보인다."[20] 그리고 "생물학은 기술적·과학적인 사람의 마음속에서 시정학(市政學)의 한 주제가 된다; 생물학은 사회적·자연적 세계를 모방하는 거대한 드라마를 가르치기 때문이다."[21] 의식사 프로그램에 있을 때 스티븐 히스(Stephen Heath)[22]와

---

20. 해러웨이, 1997, 117쪽.
21. 같은 글, 103쪽.
22. [옮긴이] 케임브리지와 파리에서 교육받았으며, 파리에서는 영화기호학자 크리스티앙 메츠에 관해 연구하였다. 영화와 텔레비전, 영국과 프랑스의 문화와 철학, 비평이론, 성 정치학과 젠더이론에 관해 다수의 저서와 논문을 발표함. 현재 케임브리지대학교에서 교편을 잡고 있다.

세미나를 함께 들었는데, 그 세미나에서 스티븐은 문학을 19세기의 거대한 재현기계라고 불렀고, 영화를 20세기의 거대한 재현기계라고 불렀어요. 정보기술들과 정보체계 속에 있으면서, 그것들을 통해 엮어지는 생물학은 정보기술과 함께 20세기 말의 거대한 "재현기계들" 중 하나가 되었습니다.

해러웨이 그렇습니다. 그 책에서 저는 스캇 길버트(Scott Gilbert)[23]의 생물학에 대한 생각을 이야기했는데, 그는 생물학이 요즘 미국 대학 캠퍼스에서 서양문명의 기능적 등가물이 되었다고 생각하고 있습니다. 생물학은 거대한 숫자의 대학생들이 가장 흔하게 택하는 강의일 뿐 아니라, 넓은 범위의 경력 ― 오락산업부터 건강산업까지, 그리고 문화와 식품처리가공, 지적재산권법, 환경법, 경영 등등까지 ― 과 관련된 학문입니다. 당신이 요즘 할 수 있는 것 중 생물학 교육을 요구하지 않는 게 거의 없습니다.

---

23. 스캇 F. 길버트, 「지식체들: 생물학과 문화연계의 대학」(Bodies of Knowledge: Biology and the Intercultural University), 『신천지의 무/질서 속에서 변화하는 삶』(*Changing Life in the New World Dis/Order*) P. 테일러(P. Taylor), S. 핼폰(S. Halfon), P. 에드워즈(P. Edwards) 편, (미니애폴리스: 미네소타대학교 출판부, 1997.)

인연을 맺으며 지내는 동안

구디브　잠시 전기 부분으로 되돌아갈까요? 당신이 세계를 바라보는 한 가지 방법으로 생물을 연구하던 1960년대 말 뉴 헤이븐 시절로요.

해러웨이　당신은 그 시절 제가 가르쳤던 제자 중의 한 사람인 헨리 루이스 게이츠 주니어(Henry Louis Gates, Jr.), 즉 스킵 게이츠(Skip Gates)라는 사람을 잘 아실 겁니다. 당시 저는 '생물학과 사회'라는 강의의 조교였지요. 그가 IQ 논쟁에 관한 논문, 즉 『하버드 교육 평론』(*Harvard Education Review*)지에 실렸던 제이슨 논문들에 관해 논문을 썼던 기억이 나는군요. 당시는 매우 과격했던 때여서 학술계, 저, 그리고 많은 다른 생물학과 학생들이 반전운동에 적극 참여하고 있었지요. 저는 그 시점에는 정치적으로 완전히 좌파에 속해 있었어요. 대학 시절 좌파교육을 받으면서 좌파운동에 참여하기 시작한 게 분명하지만, 그런 성향이 구체화된 건, 1967년부터 1969년까지 파리에 있으면서 인도차이나 전쟁을 프랑스인의 눈으로 목격했을 때였어요. 알제리가 독립을 얻어낸 직후 파리에 있었다는 사실 또한 말할 필요도 없이 그런 성향에 일조를 하였지요. 그리고 나서 1968년부터 1970년 무렵 미국의 예일대학교로 돌아와 한 공동부락에서 생활했어요. 그 공동부락에서 살던 일원 중 한 사람이 뉴 헤이븐의 흑표범당 (Black Panther Party)[1] 당원이었지요. 이 때는 또한 바비 실 재판 (Bobby Seale)[2]이 있던 때였어요. 그 공동부락은 아프리카계 미국인과 백인으로 구성되어 있었어요. 우리들 중 네 사람은 뉴 헤이븐 출신이었고, 또 네 사람은 예일대학원생이었지요. 한 여성은 독일인이었어요. 그녀는 학생이 아니고 미국 육군병장과 결혼하러 미국에 왔다가 생각을 바꿨지요. 브라이언트 키스(Briant Keith)라는 어린아이도 있었는데, 그 아이의 어머니는 복지권리 조직책이었어요. 그녀는 열여섯 살 때 브라이언트 키스를 낳았고, 모자 가정의 어머니로 생활

---

1. [옮긴이] 아프리칸계 미국인 해방투쟁에서 지도적인 역할을 하기 위해 1966년 설립된 흑인좌익단체이다.
2. [옮긴이] 텍사스 주에서 목사의 아들로 출생. 1966년 휴이 뉴튼(Huey Newton)과 함께 흑표범당을 만들었고, 시카고 음모재판에 섰던 8명의 피고 중 한 사람이었다. 실은 변호사를 선임할 권리를 거부당했다고 불평하였고, 이에 판사 호프만은 실을 묶고 재갈을 물리도록 명령하였다. 1969년 11월 5일 실은 다른 피고들과 격리되어 재판받게 되었다.

보호를 받고 있었지요. 개비(Gabe)라는 이탈리아 노동계급의 아이가 있었고, 그의 애인인 바바라(Barbara)도 있었어요. 우리는 모두 60년 대 말의 전경(全景) 전체 ― 반전운동, 반인종주의 운동, 복지권리 운동 등등 ― 와 연루되어 있었어요. 이 때는 또한 제이와 내가 심각한 연인 사이가 된 때이기도 하지요. 제이는 역사학을 전공하는 대학원 생이었어요. 그는 게이였고, 양성애자가 아니었지요. 막 커밍아웃을 시작한 때였어요. 이 때는 스톤월(Stonewall)항쟁 사건3 직후였거든 요. 돌이켜 보면 우리 둘 다 남매간의 근친상간을 하고 있는 것처럼 느꼈던 것 같아요. 당시는 안 그랬지만 후에 저는 몇몇 여성과 관계 를 가졌지요. 그들 중 두 명과는 장기적인 관계를 맺었다는 점에서 중요했어요. 그럼에도 불구하고 여러 연유로 인해 제이와 저는 결혼 을 해야겠다고 느꼈어요.

구디브   제이는 어떤 배경을 갖고 있습니까?

해러웨이   그는 캘리포니아 주에서 태어났어요. 지금은 실리콘 밸리 라고 알려진 서니배일에서 주로 살았지요. 어머니와 아버지는 둘 다 미주리 주의 시골출신이에요. 그들은 어려서 결혼하였고, 아버지는 텍사스 주, 캘리포니아 주, 오레곤 주, 워싱턴 주의 해안지역을 오르

---

3. [옮긴이] 게이, 레즈비언, 양성애 운동가들에게 'Stonewall'이라는 단어는 게이들의 권리
를 위한 범세계적인 투쟁에서 가장 중요한 지표이다. 1969년 어느 더운 여름밤 뉴욕의
맨해튼 남부에 있는 스톤월 바에 경찰들이 게이들을 체포하러 왔고 동성애자 손님들이
이들에게 처음으로 대항하였다. 그 후부터 '스톤월'은 게이 전사들의 혁명의 도화선이 된
상징적인 장소가 되었다.

내리며 유정(油井)에서 일하셨지요. 제이와 그의 동생은 부모가 텍사스 주를 이리저리 돌아다니던 중 길거리에서 태어났대요. 그 형제는 50~60개 정도의 초등학교를 다니다가 결국 서니배일에 정착하였대요. 제이는 서니배일에서 고등학교에 다녔고, 아버지는 자동차 수리공으로 일하셨다고 해요. 그러니까 제이는 확실한 노동계급 가정 출신이지요.

구디브 그리고 예일대학원에서 역사학을 전공하게 되었고요?

해러웨이 맞습니다. 그는 스탠포드와 예일에 갈 수 있는 장학금을 따냈어요. 그러나 학술계와 그와의 관계는 그의 출신 계층 때문에 언제나 조건부였지요. 그는 편안하게 살았던 적이 없어요.

구디브 그에 대해 제가 매우 흥미롭게 생각하는 한 가지는, 가르치는 일과 배우는 일에 정말로 급진적이고 실험적이라는 거예요. 그는 남과 다르게 가르치고 싶다는 정열 이상의 태도로 이런 것들을 추진하였고, 제도권과 타협하지 않겠다는 생각을 갖고 있었지요. 우리가 함께 선생님으로 참여했던 교과과정에서 그는 좀더 수행적이고 실험적인 교수법을 주장했었어요.

해러웨이 맞습니다. 그는 매우 강력하게 그런 생각을 하고 있었고, 그런 생각은 일부분 그가 학술계에서 진정으로 환영받은 적이 없었다는 데서 나왔지요. 우리가 둘 다 예일을 떠나 하와이대학교에서 일하고 있을 때 그는 종신재직권을 거부당했어요. 그것은 동성애 공포증과 연관된 게 분명한, 그에게 매우 고통을 준 결정이었지요. 그는 당시 종신재직권을 받았던 다른 사람들만큼 훌륭하게 많은 책을 출판하고 있었으니까요. 동료들이 노골적으로 동성애에 대한 혐오를 표현하거나 그런 행위를 할 때에는 정말 오싹했어요. 동성애 때문에 제도권 내에서의 그의 위치가 불안해졌다는 데에는 의심의 여지가 없었습니다. 샌타 크루즈에서는 그렇지 않았지만 다른 곳에서는 그랬어요. 그는 애인이던 밥필로미니이 죽었을 때 도미니칸 단과대학 ─마린 카운티에 있는 가톨릭 교양교육대학─ 에서 가르치고 있었어요. 밥이 병들어 죽어가고 있는 동안 내내 제이가 주로 그를 돌보았고, 애인이 죽어가고 있다는 사실을 동료에게 말할 수 없는 그런 공동체 속에서 매일매일 가르치며 살고 있었지요. 동료들은 아픈 사람이 동생이라고 생각하고 있었어요. 밥이 죽은 후 제이는 슬퍼할 여유도, 자신의 병을 돌볼 여유도 없었어요. 가장 잔인하고 가장 구식의 의미의 동성애 공포증 때문이었지요. 그의 동료들은 가증스러웠고, 그런 그들에게 파트너가 죽어가고 있고 자신도 건강하지 못하다는 말을 두려워서 못했어요. 그는 자신이 할 수 있는 일이 아무 것도 없다고 느꼈지요.

구디브 그리고 그곳이 바로 1980년대 말의 샌프란시스코 외곽지역이었고요!

해러웨이 바로 그렇습니다. 정말 끔찍했지요. 그러나 제이는 생애 마지막 몇 년간의 상당부분을 분노를 삭이는 데 썼어요. 그래서 그런 모든 것을 뒤에 남긴 채 떠날 수 있었지요. 그러나 제이는 하와이 시절과 똑같았던 노동환경에 대해서는 정말로 분노하였지요. 제 말은 제이가 계층과 성욕에 있어서 한 번도 제도권에 속해 본 적이 없었기 때문에 그런 직업적인 삶을 살 수밖에 없었다는 겁니다. 자 이것이 "스탠포드"와 "예일" 출신의 "백인남성"의 삶이었어요?!

구디브 맞습니다. 극단적인 정치적 교정이 이루어질 수 없는 이유가 바로 거기에 있지요. 다시 예일로 돌아가 보면 당신들 두 사람은 관계뿐 아니라 성욕에 대해서도 타협하고 있었군요?

해러웨이 맞습니다. 도대체 우리의 정체가 무엇인지 알아내려고 노력하고 있었어요.

구디브 인연을 맺으며 지내는 동안에요?

해러웨이 네. 우리는 1970년에 결혼했어요. 제이가 하와이로 일자리를 얻으러 떠났고 저도 따라갔기 때문에, 저는 대학원을 떠나 교직원 아내의 신분으로 학위논문을 쓴 셈이지요. 저는 당시 우울증에 빠져 있었어요.

구디브 당신은 그 당시 무엇을 할 계획이었나요?

해러웨이 정말로 모르고 있었어요. 그 시점에는 그 후의 제 모습만큼 그렇게 야심이 크지 않았어요. 학위논문을 끝내고 일자리를 얻겠다는 생각뿐이었지요. 당시 이십육 세였고 일반과학 학과에서 생물학과 과학사를 가르치며 삼십 세까지 하와이에 있었어요. 뉴 칼리지 (New College)라는 곳에서도 가르쳤는데, 이곳은 학생들과 교직원이 함께 교과과정을 계획하는 실험적인 교양교육 단과대학이었지요. 제이와 나는 그곳에서 거주 교직원 상담교수로 일했어요.

구디브 그 시점에는 당신과 제이의 작업에 어떤 연관이 있었나요?

해러웨이 글쎄요, 제가 그의 논문 챕터 중 한 개를 써주었고, 그도 제 논문 챕터 중 한 개를 써주었지요! 아시겠지만, 챕터들 전체가 아니라 한 부분을 썼어요. 우리는 둘 다 논문에 싫증이 나 있었고 그래서 죽을 지경이었어요. 제이는 양차 세계대전 사이의 가톨릭 마르크스주의에 대해 쓰고 있었고, 지적인 역사학자로서 세계사를 가르치도록 채용되어 있었어요. 나는 제이의 '세계 문명' 강의의 중국 부분에 대해 강의했지요.

구디브 그 부분이 당신이 전공한 분야이었나요?

해러웨이 저는 그 부분에 대해 하나도 모르고 있었어요.(웃음) 그러나 미친 듯이 독서를 했지요. 제이도 그 부분에 대해 모르기는 마찬가지였어요. 그렇지만 매우 다양한 학생들 — 일본계 미국인, 하와이인,

백인 미국인, 필리핀계 미국인, 중국계 미국인 등등 — 이 혼합되어 있는 그 거대한 극장에는 세계문명이 존재하고 있었어요. 그래서 저는 하와이에 도착하면서 뉴 헤이븐 그린[4]에 막 착륙하고 있는 듯한 첫인상을 받았지요. 뉴 헤이븐의 조합교회주의 선교사들이 말 그대로 하와이를 전도했고, 그들의 후손들은 거대한 사탕수수 재배 가정이 되었어요. 당신도 알다시피, 개개인은 개별적인 선택을 하고 있다고 생각할 수 있지만, 그곳에서 저는 예일이 수세대 동안 하와이를 먹여 살렸다는 사실을 깨달았지요.

구디브 그렇지만 당신은 60년대의 급진적인 예일 출신자들의 수확물이었잖아요.

해러웨이 네, 그러나 초기 선교사들도 그들 나름대로 그랬어요. 제이도 당시에는 하와이에서 게이 해방을 위해 매우 활동적으로 일했고요.

구디브 그런 것들이 젊은 기혼자인 당신 두 사람에게 어떻게 작용했나요?

해러웨이 우리는 1973년에 별거했어요. 그 시기에 우리에게는 다른

---

4. [옮긴이] 뉴 헤이븐 그린은 도시 중심부, 즉 예일대학교 동쪽과 도심 상가지역의 북서쪽에 있는 16에이커의 직사각형 땅을 말한다. 북쪽은 엘름 가(街), 동쪽은 처치 가(街), 남쪽은 채플 가(街), 서쪽은 칼리지 가(街)로 테를 두르고 있다.

애인들이 있었거든요. 그러나 정말로 문제가 된 건, 저는 감정적으로 일부일처주의에 입각하여 제이를 사랑하고 있었던 반면, 제이는 굳이 이성애자나 양성애자가 될 필요가 없었다는 거예요. 그는 정말로 남자들과 함께 살아야 했고, 그것이 저에게는 맞지 않았어요. 우리는 결국 그 문제를 직시하게 되었지요.

구디브 매우 어려운 문제였군요.

해러웨이 우리는 매우 가깝게 지냈지만 그 문제는 매우 어려웠어요. 우리는 하와이에서 변호사 없이 이혼한 첫 번째 부부가 되었지요. 당시는 사람들이 전문가 없이도 모든 종류의 일을 하던 시기였어요. 우리는 맞지 않는 타자기로 서식을 만들었다고 해서 가정법원으로부터 쫓겨난 첫 부부지요! 그것은 책략이었던 게 분명해요. 법원과 변호사들이 변호사 없는 법정 같은 일에 매우 적대적이었으니까요. 그러나 우리는 이혼했고, 그리고 나서 제이는 1974년 게이 활동과 밀접하게 관련된 결정에 따라 종신재직권을 잃었지요. 매우 추한 사건이었어요. 결국 우리는 둘 다 큰 상처를 받고 환멸을 느껴 다른 일자리를 찾아 하와이를 떠났지요. 저는 존스홉킨스의 과학사학과로 갔고, 제이는 텍사스 주로 갔어요.

구디브 존스홉킨스에 취직하였을 때 당신은 학자로서 어떤 경력을 갖고 있었나요?

해러웨이 저는 당시 과학사 분야에 대한 깊은 교육을 받지 못한 상태였지만 초보 조교수로 채용되었어요. 존스홉킨스는 젊은 학자를 찾는다는 광고를 내고 있었기 때문에, 저에게서 저서를 출판한 경력을 기대하지 않았지요. 그들은 제 학위논문을 좋아하였고, 예일에서 같은 위원회에 있던, 존경받는 생의학사가인 래리 홈즈(Larry Holmes)가 훌륭한 추천서를 써주었거든요. 그리고 홉킨스대학은 정말로 현명했어요. 제가 가르칠 첫 강의로 과학사를 소개하는 대학원 강의를 맡김으로써 저를 통제·관리하였으니까요. 그리고 나서 예일대학교 출판부가 제 학위논문을 책으로 출판하기로 결정했지요. 그 직후 저는 영장류에 대해 연구하기 시작했어요.

구디브 당신에게 홉킨스는 어떤 곳이었나요? 특히 바로 직전에 하와이에서 게이 활동가의 아내이었던 당신에게요?!

해러웨이 홉킨스는 저에게 매우 좋은 곳이었어요. 제가 정말로 좋아하는 소재에 대해 연구할 수 있도록 해주었으니까요. 그곳은 또한 제가 러스틴을 만난 곳이기도 하지요. 러스틴은 과학사학과의 대학원생이었어요. 그는 제 강의에 앉아 있었고 저는 그가 게이일 거라고 확신하고 있었지요 — 그래서 제가 그 사람을 좋아했었나 봐요.(크게 웃음) 그는 정말로 도발적으로 앉아 있었고, 그 후 곧 그가 게이가 아니라는 걸 알았는데, 이 사실이 더욱 멋지게 느껴졌어요. 그러나 그는 게이 같은 문제에 개방적이었어요. 그와 제이는 두세 번 사랑을 나누었지만, 관계라고 부를 만큼 애인관계였던 적은 없습니다.

구디브　러스틴은 당신의 제자였나요?

해러웨이　아니요, 단지 청강만 했어요. 그러나 우리는 몇 번 대화를 나누었고 서로를 좋아하게 되었지요. 한번은 제가 집에서 학과 추수 감사절 파티를 열었고 우리는 약간 취해 있었어요. 서로에게 끌린 게 분명한데 아무 일도 일어나지 않았어요. 그리고 나서 2월에 그가 저를 저녁식사에 초대했지요. 제가 아는 한에서는 그가 저를 취하게 만들었고(그는 이런 해석에 동의하지 않지요), 일주일 뒤부터 우리는 함께 살게 되었지요. 돌이켜 보면 우리가 한 일을 믿기가 어려워요. 일과 관련이 없는 행동에 대해 말하다니!(더 많이 웃음) 그는 석사학위를 마쳤지만, 박사학위를 원하지는 않았어요. 학자가 되고 싶어 하지 않았으니까요.

구디브　그는 어떤 배경을 가졌나요?

해러웨이　그는 지적으로 특권이 있는 집안 출신이에요. 그 사실이 그에게 상당한 자신감을 주었지요. 그는 맨해튼 프로젝트의 물리화학부를 책임지고 있던 사람의 손자였어요. 그의 아버지는 예전에 워싱턴대학교의 총장이었을 뿐 아니라 국립의료소의 소장이었지요. 친할머니는 키르케고르 번역자의 여동생이셨어요. 그는 양심적 병역 거부자[CO]로 대학을 떠나 필리핀의 이슬람교 지역에서 과학기술 및 어업 단과대학에서 대체업무를 했지요. 부모 양쪽 모두 사회정의와 직업윤리 의식이 매우 강하였으므로, 그가 정치 및 학문과 맺은 관계는 견고했어요. 그에게 사회봉사를 하지 않는다는 것은 성인이 되지 못하는 것과 같았지요. 어머니도 그의 이야기의 중요한 부분이지요. 어머니는 몬태나 주의 소도시 출신으로 남편 같은 지적 엘리트 집안 출신은 아니었지만 가족계획(Planned Parenthood)이라는 단체를 통해 활동한 대단한 낙태찬성 운동가였어요. 그녀는 자유를 위해 헌신적으로 일했어요. 자기 아이들이 원하지 않는 걸 강제로 해서는 안 된다는 확고한 신념을 갖고 있었지요. 그녀의 어머니는 종교 신비주의자였고 약 500명가량의 주민만 있는 몬태나 주의 화이트홀스 플레인즈라는 소도시에서 일종의 유지였어요. 그녀는 그 도시의 사서였고 메리 베이커 에디(Mary Baker Eddy)[5]를 양산한 미국의 종교전통의 직계산물이었지요. 예를 들어 그녀는 신비적인 문자체(mystical script)로 글을 썼고, 모든 종류의 정교한 상징체계를 사용하였으며, 자신이 죽지 않을 거라고 믿었어요. 조금 과장을 하자면요! 러스틴의 외할머니는 자기 딸이 화학자가 되리라는 계시를 받았어요. 그래서 어머니는 원하지 않으셨지만 외할머니의 고집대로 화학자가 되셨대요. 후에 생각해 보니 그의 어머니가 아이들이 스스로 제 길을 선택하도록 그렇게 고집부린 게 바로 그런 이유 때문이었던 것 같아요. 그러나 그의 어머니가 남편을 만난 게 바로 그녀가 시카고대학교 의대에서 화학자로 일하고 있을 때였어요. 러스틴은 어머니와 아버지를 결합해놓은 사람 같아요. 그가 대학에 있을 때에는 생물리학을 공

---

5. [옮긴이] 1821.7.16~1910.12.3. 1866년 크리스천 사이언스라고 알려진 교파를 만든 창시자. 크리스찬 사이언스는 육체의 병이 독실한 신앙으로 모두 치료된다고 믿는 종교이다.

부하는 종교 전공자였어요. 그러나 윤리학에도 관심이 많았고 키르케고르에 깊은 관심이 있었지요. 그러나 러스틴은 학문적인 성공을 추구하지 않는다는 점에서 이단자이에요. 대학원에 진학하였지만 대학을 마치지는 않았어요. 전쟁 중에 학생으로서 징병을 연기하는 게 비윤리적이라고 생각한 거지요. 그러니까 전체적으로 볼 때 그는 자신이 원하는 대로 학문의 길을 걸어온 게 아니에요.

그는 공산사회 평화주의에 깊이 참여하였고, 워싱턴 주의 징병위원회 앞에서 양심적 병역 거부자의 지위를 옹호하였어요. 그는 실제로 그 주에서 비종교적인 근거로 양심적 병역 거부자의 지위를 얻은 첫 번째 사람이었어요. 물론 가족에게서 받은 문화적 지원 덕분에 그런 일을 할 수 있었지요. 그래서 그는 아시아 프로그램 자원자들과 함께 2년간 남부 필리핀에서 가르쳤습니다.

구디브 무엇을 가르쳤나요?

해러웨이 물리학, 수학, 철학을 가르쳤어요. 이 때는 이슬람교 분리주의 운동이 일어났던 시기였어요. 사실 러스틴이 가르친 대부분의 학생들은 그가 가르친 후 수년 내에 마르코스의 탄압 때문에 죽었어요. 그 후 그는 귀국하여 일 년간 워싱턴 주의 푸제 음향(Puget Sound)에서 잡무를 하며 작은 오두막집에서 혼자 살았지요.

구디브 당신이 학술계에 전념하고 있었기 때문에 당신 두 사람 사이에 갈등이 생기지는 않았나요?

해러웨이 러스틴과 저 사이에 감정의 줄다리기가 있었던 적은 없어요. 오히려 제이와 제가 여러 모로 같은 것을 원하였기 때문에, 제이와의 사이에는 갈등이 있었던 것 같아요. 우리는 둘 다 같은 방향으로 야심이 컸고, 사실 제이가 저보다 야심이 더 컸거든요. 그런데 제이가 벌을 받던 시기에 저는 인정받았고, 주목을 받았으며, 보상도 받았지요. 그것이 그가 죽기 직전까지 내내 겪었던 고통의 진짜 원인이었을 겁니다. 그러나 그런 점이 러스틴과 저와의 사이에서 긴장의 원인이 되지는 않았어요.

구디브 러스틴이 상당히 깔끔하고 안전한 사람처럼 들리는군요.

해러웨이 언제나 깔끔했지요. 이 세계에서 여러 모로 평화를 누리며 사는 고통 받지 않는 사람이에요. 러스틴과 제가 동거에 들어간 것이 1975년 2월이었고, 1975년 여름에는 제가 제이와 이혼여행을 떠났어요. 신혼여행을 가보지 못했기 때문에, 대신 이혼여행을 가기로 했지요! 우리는 뉴 헤이븐 시절에 공동부락에서 함께 생활했던 두 명의 친구와 멕시코시티로 떠났어요. 그리고 나서 호놀룰루로 갔고 거기에서 러스틴과 만났지요. 바로 그때 제이와 러스틴이 만난 거예요. 그 다음해 여름에는 우리가 텍사스 주로 가서 제이를 태우고는 덴버로 가서 저의 가족을 만났지요. 그리고 나서 캘리포니아 주로 가서 함께 토지를 물색했어요. 1976년에는 좋은 땅을 찾지 못해서, 1977년에 다시 갔지요. 현재 러스틴과 컴퓨터 프로그래밍 일을 하고 있는 닉 폴리나(Nick Paulina)도 함께 갔어요. 그는 제이의 고등학교 때 친구인데, 저와는 그보다 수년 전에 일주일간 연인 사이였었지요. 멋진 일주일이었지만 일주일로 충분했어요.(웃음) 그래서 닉, 제이, 러스틴, 그리고 나, 네 명이 캘리포니아 주 힐즈버그 외곽지역의 토지를 함께 구입하게 된 거예요. 30에이커의 땅을 샀는데, 그 안에 허물어진 집이 한 채 있었어요. 지금의 집은 우리가 다시 지은 거예요. 제이는 텍사스 주에서 불행했었기 때문에 거기에서 하던 일을 포기하고 캘리포니아 주로 이사와서, 샌프란시스코의 한 고등학교에서 가르쳤어요. 그리고 저 또한 1979년에 의식사 프로그램에서 페미니즘 이론을 가르치도록 제안을 받았고, 그 일을 절대적으로 원하게 되었지요.

구디브 그 시점에 당신은 이미 페미니즘 이론을 가르치고 있지 않았나요? 존스홉킨스에서 과학사를 가르치고 계셨지요?

해러웨이 글쎄요, 우리는 그것을 페미니즘 이론이라고 부르지 않았어요. 하지만 나는 한 친구와 하와이에서 여성학 프로그램을 가동시키는 걸 도왔지요. 홉킨스에서는 낸시 하트삭[6]과 함께 일했는데, 우리는 상당한 양의 여성학 연구를 하였고 요즘이라면 페미니즘 이론이라고 부를 만한 연구도 했지요. 그러나 저는 과학사의 컨텍스트 내에서 연구했어요.

구디브 어떤 종류의 연구를 하고 있었나요?

---

6. [옮긴이] 현재 워싱턴대학교 정치학과 교수. 여성학과 페미니즘 이론을 강의하고 있다.

해러웨이 대개는 마르크스주의적 페미니즘에 관한 일을 하였고 이와 더불어 광범위한 독서를 했지요. 우리는 페미니즘 연맹의 일부였는데, 이 기구는 볼티모어에서 여성에 가해지는 폭력 문제에 대해 연구하는 마르크스주의적 페미니즘 조직이었어요. 이 때는 캐서린 매키넌(Catherine McKinnon)[7]이 성희롱 이론을 개발했던 때지요. 저는 또한 낸시 하트삭(Nancy Hartsock)과 함께 많은 과학소설을 읽고 있었어요. 그런데 낸시와 저는 의식사 일을 함께 하겠다고 지원한 상태였어요. 그래서 많은 사람들이 우리가 연인 사이가 아닌가 의심했었지요. 우리는 연인 사이가 아니었어요. 그러나 사람들은 일하다가 친해져도 성관계의 견지에서 친한 거라고 생각하지요. 의식사 프로그램은 우리의 공동지원을 검토조차 하고 싶어 하지 않았어요. 그래서 낸시가 지원하지 않기로 결정했지요. 그녀는 결국 볼티모어에 남아 정치과학 학과에서 저서 『돈, 성, 그리고 권력』(*Money, Sex, and Power*)을 끝마쳤지요. 그래서 제가 그 일을 맡게 되었고 의식사 프로그램 교수가 되었어요. 그것은 제게 꿈과도 같은 일이었어요. 그 일 덕분에 러스틴과 제가 제이와 그의 애인 밥과 함께 우리의 땅에서 살 수 있게 되었지요.

구디브 당신이 1980년 도착하였을 때 의식사 프로그램은 어땠나요?

---

7. [옮긴이] 미시간대학교 법대 교수. 수잔 브라운밀러(Susan Brownmiller)와 함께 성희롱이 성의 문제가 아니라 권력의 문제임을 주장하는 이론을 창시하였다.

해러웨이 그 때가 그 프로그램을 살리도록 헤이든 화이트[8]를 채용한 지 막 2년이 흐른 상태였어요. 완전히 파기하든가 아니면 정규화하든가 두 갈래 길에 서 있었지요. 헤이든은 짐 클리포드(Jim Clifford)를 채용했고, 그 두 사람이 저를 채용했어요. 그 일자리는 미국에서 드러내놓고 페미니즘 이론을 연구하도록 허용된 첫 일자리였습니다.

구디브 그런 줄 몰랐어요.

해러웨이 당시 페미니즘 이론을 연구하는 사람들이 없었다는 말이 아니에요. 구체적으로 그렇게 이름 붙여진 첫 일자리였다는 거지요. 그 때는 페미니즘 이론이 다르게 이해되던 때였어요. 페미니즘 이론이 훨씬 더 포괄적이던 1970년대보다 매우 좁은 의미로 사용되고 있었어요. 1970년대의 페미니즘 이론에는 전체 범위의 문제들 — 여성 해방, 페미니즘 운동, 사회과학 등등 — 을 분석적으로 파악하려는 여러 노력들이 절대적으로 포함되어 있었지요. 현재의 페미니즘 이론은 훨씬 제한되어 있어요. 정신분석학적 차원, 문학적 차원, 영화 이론적 차원 등등이 어떤 의미에서는 "페미니즘 이론"이라는 명칭을 접수한 셈이지요.

구디브 당신은 학문간의 연계가 1980년대 학문의 한 양태로 자기잡

---

8. [옮긴이] 현재 샌타 크루즈의 캘리포니아대학교 명예교수이자 스탠포드대학교 비교문학과 교수. 미시간대학교 Ph. D.

기 이전부터 이미 그것을 사용한 진정한 선각자 중 한 분이십니다. 그리고 바로 이 시기가 당신이 페미니즘 이론을 학문간의 연계로 발전시킨 때입니다. 여러 학문 분야를 넘나들며 페미니즘을 연구할 수 있도록 당신이 도구를 만들어주신 거지요.

해러웨이 지금까지 항상 그런 식으로 일을 해왔고, 지금도 마찬가지입니다. 의식사 프로그램은 그런 일을 할 수 있는 완벽한 곳이었지요. 그래서 제가 채용되었기도 하고요. 당신도 알다시피 저는 존스홉킨스에서 조교수에서 부교수로 승진될 참이었어요. 홉킨스에서 부교수는 종신재직권이 있는 자리는 아니에요(정교수만이 종신재직권을 받지요). 저는 샌타 크루즈로부터 일자리 제안을 받은 일주일 뒤, 홉킨스로부터 승진되지 않으리라는 내용의 편지를 받았어요 — 그런데 승진에서 탈락된 이유가 제가 의식사 프로그램에 고용된 이유와 같았어요. 다른 말로 하자면, 홉킨스가 저를 승진시키지 않은 이유와 의식사 프로그램이 저를 원하는 이유가 정확히 같았다는 겁니다. 홉킨스는 제가 지나치게 정치적이고 동료들을 당황하게 만든다며, 제 이력서에서 두 개의 출판물을 지우라고 명령하기까지 했어요. (당시는 컴퓨터가 나오기 전이었으므로 저는 타자기용 수정액으로 지워야 했지요!)

구디브 당신에게 그런 걸 요구했다니 믿어지지가 않네요.

해러웨이 저도 제가 실제로 그런 일을 했다는 게 믿어지지 않아요!!!

구디브 그렇게 해서 당신은 1980년에 의식사 프로그램에 당도하게 되었군요.

해러웨이 1978년경 러스틴과 외식하러 갔을 때, 어떻게 내 일을 지킬 건지, 어떻게 정말로 하고 싶은 일을 할 건지, 어떻게 나에게 정말로 중요한 정치적인 일을 계속할 건지, 그리고 어떻게 동물들에 대한 글을 쓸 건지 등등에 관해, 이야기를 나누었던 기억이 나네요.

구디브 그리고 당신은 그 방도를 찾은 거군요!

해러웨이 네 찾았지요.

구디브 샌타 크루즈와 힐즈버그를 오가는 세 시간의 드라이브 시간이 풍요로운 숙고의 시간이 되었으리라는 확신이 드는데요.

해러웨이 네, 저는 또한 테이프를 통해 책들을 읽곤 하였지요.

구디브 운전하면서 떠오른 생각들을 테이프에 기록하기도 하나요?

해러웨이 아니요. 제 작업은 언제나 앉아서 글을 쓰는 겁니다. 처음에는 컴퓨터로 글을 쓰지도 않았어요. 사실 「사이보그들을 위한 선언문」(A Manifesto for Cyborgs)이 컴퓨터로 글을 쓴 첫 작품이었어요.

구디브 어떤 종류의 컴퓨터를 쓰셨나요?

해러웨이 86년형 구식 휴렛 패커드였지요.

구디브 저는 글쓰기와 과학기술에 관한 이런 식의 전설적인 이야기들을 매우 좋아합니다. 윌리엄 깁슨(William Gibson)[9]이 컴퓨터와 처음 대면한 게 『뉴로맨서』(Neuromancer)를 출간한 후였어요. 당신이 HP 86으로 「사이보그들을 위한 선언문」을 쓸 무렵, 그는 타자기로 그 책을 쓰고 있었을 거예요. 그는 처음 컴퓨터로 글을 쓰기 시작했을 때 일어난 일들을 재미있게 이야기하곤 하지요. 윙하고 돌아가는 소리를 듣고 고장났다고 생각하여 기술자를 부르니, "당신이 들은 소리는 하드 드라이브 소리입니다"라고 말하더라는 거예요. 컴퓨터가 어떻게 작동하는지도 몰랐던 그가 지금은 사이버공간의 대부잖아요! 그런 것들이 생각나네요. 「사이보그들을 위한 선언문」을 어떻게 쓰게 되었는지 그 이야기를 해주세요.

해러웨이 1982년 『사회주의 평론』(Socialist Review)지의 편집자들이 저에게 과제를 하나 주었어요. 레이건 대통령 시절의 사회주의적 페미니즘이 어떤 일에 우선권을 두고 있었는지 다섯 페이지 분량으로 써달라는 거예요. 그래서 저는 쓰기 시작하였고 그래서 나온 작품

---

9. [옮긴이] 1948년 3월 17일 출생. 주로 과학소설을 쓰는 작가이자 사이버펑크 소설의 창시자. 미국 출생이나 1972년 캐나다로 이주하여 그곳에서 살고 있다. 첫 소설 『뉴로맨서』로 세 개의 주요 SF소설상(네뷸라, 휴고, 필립 K. 딕 기념상)을 수상하였다.

이 「사이보그들을 위한 선언문」이지요.

구디브 그러니까 당신의 사이보그의 기원은 이런 매우 소박한 제안에 있었군요?

해러웨이 네. 저는 이 이야기가 내포하는 도덕성이 저에게는 과제를 주지 말라는 거라고 생각해요!

캘리포니아 주

구디브 "캘리포니아 주"는 당신께 어떤 의미가 있습니까?

해러웨이 글쎄요, 다른 곳에서는 엄두도 못 낼 그런 종류의 걸 가르쳤고 연구했으므로, 매우 개인적인 의미가 있다고 말할 수 있지요. 예를 들자면, 우리들이 함께 이룬 가정도 ─ 다른 곳에서는 불가능했을 거라고 말하는 건 아니지만 ─ 바로 이곳에서 가능했으니까요. 캘리포니아 주에는 처음부터 강력한 게이 문화가 있었고, 그게 우리의 삶에 아주 중요했어요. 그리고 제가 의식사 프로그램에 채용되었고요. 그러나 제가 좋아한 건 — 혹은 저에게 매우 큰 영향을 준 건 — 우리가 "캘리포니아 주"라고 말할 때 의미하는 바의 모순적이면서 다양한 성질이에요. 과학기술적이고, 도시적이고, 자연적이고, 농업적이고, 양자택일적이고, 직설적이고 — 캘리포니아 주는 이런 모든 것들을 통합하여 의미하지요. 샌프란시스코와 로스앤젤레스 간에도 연예 산업 대(對) 생명과학기술 및 컴퓨터 산업이라는 큰 차이가 존재하고 있어요. 캘리포니아 주의 인구구성은 지극히 다양하지요. 단지 흑인과 백인으로 구성된 게 아니라 아시아, 남아메리카, 멕시코와 관련된 매우 복잡한 역사로 구성되어 있어요. 그러니까 캘리포니아 주와 "캘리포니아인들"이 있는 거지요. 캘리포니아 주의 복잡한 이민사는 동부해안지역의 이민사와 결코 똑같지 않습니다.

구디브 저도 물론 동부에서 이곳으로 오면서 그런 사실을 알게 되었습니다. 흑인 문화 및 정치에 대해 제가 갖고 있는 인종상의 정치적 입장은 합리적인 정보에 기반을 두고 있지만, 사실 멕시코 문화와 치카노[1] 문화에 대해서는 아무 것도 모릅니다. 만화나 광고에 나오는 전형적인 유형을 제외하고는 아는 게 없지요. 제가 '예술과 정치'라는 강의의 조교로 있을 때 치카노로 가득 찬 교실에서 손을 번쩍 들고, 멕시코계 미국인과 비교해 볼 때, 치카노에 무슨 의미가 있는지 물었던 기억이 나는군요. 당시 저는 정체성의 관점에서 볼 때 치카노의

---

1. [옮긴이] 멕시코계 미국인을 경멸하여 부르는 말이며, 멕시코 옛 영토에서 스페인어를 사용하는 사람들을 주로 일컫는다.

역사가 무엇인지 모르고 있었어요. 그 순간 저는 매우 당황스러워했지만 매우 중요한 시간이기도 했어요. 왜냐하면 어떤 한 사람이 "모릅니다"라고 말하며 자신의 인종적·계층적·지리적 지식기반의 한계 및 인종적 기원에 대해 과감하게 책임질 때, 언제나 당황하게 되지만 그만큼 성숙하게 되기 때문이지요. 동부해안지역에서 캘리포니아 주로 가는 건 이런 의미에서 다른 나라로 여행하는 것과 흡사합니다.

해러웨이 네. 저의 인종적 정치도 제가 홉킨스에 계속 남아 있었더라면 달라졌을 겁니다. 아프리카계 미국인 학자인 홀텐스 스필러즈(Hortense Spillers)[2]가 샌타 크루즈의 일자리를 받아들일지 결정하기 위해 이곳에 왔던 때가 기억나네요. 그녀는 이곳의 인종적 정치가 매우 낯설게 느껴진다고 말하였지요. 모두 흑인이 아니면 백인인 그녀의 평가 기준점이 불안정해진 거예요. 이런 컨텍스트에서는 지난 30년 동안 앤젤라 데이비스(Angela Davis)가 캘리포니아 주의 상징적 인물이었다는 게 놀라운 일이 아니지요. 그녀는 허버트 마르쿠제(Herbert Marcuse)와 함께 샌디에이고의 캘리포니아대학교 대학원 졸업생이었고, 레이건 도지사 시절 감옥에 있었으며, 지금은 이곳 의식사 프로그램에서 우리와 함께 가르치고 있어요. 그녀는 미국 남부의 산물인 동시에 캘리포니아 주의 산물입니다.

---

2. [옮긴이] 문학비평가. 코넬대학교의 영어과 교수. 아프리카계 다이애스포라 문학·문화비평 이론가. 정신분석학과 흑인 페미니즘 비평의 접점에 대한 연구에 몰두하고 있다.

학문간의 연계는 위험하다

구디브 의식사 프로그램은 샌타 크루즈의 발명품일 뿐 아니라 캘리
포니아 주의 발명품이지요. 특히 북부 캘리포니아 주의 발명품입니
다. 미국에서 학문간의 연계를 다루는 대학원 프로그램 중 선두 주자
이지요. 이곳의 학생으로 있다는 것 자체가 범상한 일이 아니었어요.
학생들의 프로젝트들이나 지적 역사들이 서로 너무나 달랐으니까요.

해러웨이 당신을 포함해서 그렇지요. 당신은 휘트니 프로그램과
NYU의 영화학 석사과정을 거친 후 이곳에 왔지요.

구디브 맞습니다. 그리고 나서 저는 갑자기 변호사들과 고전적인 정치이론가들, 그리고 과학소설광들 등등과 함께 강의를 듣게 되었지요.

해러웨이 맞습니다. 그래서 의식사 프로그램이 그렇게 놀라운 곳인 겁니다. 대학들이 분열되어 있어서, 사람들은 전혀 다르다고 생각되는 영역들에서 작동하고 있는 매우 유사한 분석 장치들을 보지 못해요. 이곳의 사람들은 그런 분열을 뛰어넘는 작업을 적어도 시작은 할 수 있지요.

구디브 그러나 의식사 프로그램은 당신처럼 여러 학문분야에 응답할 수 있고 책임질 수 있는 사람들이 있는 한에서만 좋습니다. 당신은 상당히 희귀한 사람들 중 하나이지요.
최근 학문간의 연계와 문화연구에 반대하는 대단한 공격이 있었습니다. 상당수의 사람들이 근거 있는 이유들을 지적하였지만, 어떤 사람들은 그런 작업의 가장 허약한 양상에만 매달리며 공격하였지요. 학술계의 현 구조는 하나의 학문분야를 파고드는 완전정복의 모델은 신뢰하지만, 학문의 방계적 연결관계는 불신하고 있는 것 같아요. 학자는 대가(大家)인 동시에 아마추어 애호가이어야 합니다 — 이것은 다른 종류의 지적 엄밀성이지요.

해러웨이 분명하게 강조하지만 수직적인 깊은 연구와 더불어 관련 학문들을 넘나드는 방계적인 연구도 해야 합니다. 학문간의 연계는 위험할 수 있지만, 그 외의 어떤 방법으로 새로운 것들을 가꾸고 키우겠습니까?

제2장

비평 이론으로서의 유기체론

영장류학형식의 역사

유기체론적 시각에서 볼 때 생물학연구가 중점적으로 그리고 불가피하게 초점을 맞추어야 할 주제는 형식이다 … 형식은 외형 이상의 것이다. 전체 속에서의 구성원들의 정적(靜的)인 위치 이상의 것이다. 생물학에서 형식의 문제는 발생에 관한 연구를 의미한다. 유기체 세계의 형식들은 어떻게 발전해 왔나? 물질대사가 계속 유입되는 가운데 어떻게 외형을 유지하였나? 우리가 유기체라고 부르는 조직된 사건들의 경계를 어떻게 확립하였고 어떻게 유지하였나? … 생물학적 형식은 성장한 것이지 조립된 조각이 아니다.

다나 J. 해러웨이

비평 이론으로서의 유기체론

구디브 현재라는 유리한 입장에서 당신의 네 권의 저서에 대해 이야기하기로 하지요. 당신의 삶을 한 권의 책으로 보고, 그 책 속의 챕터들을 발견하기 위한 기억장치로 당신의 저서들을 사용하고 싶습니다. 각 저서를 저술할 때마다 무엇을 투입하였고, 그 결과로 무엇이 나왔나요? 이렇게 묻는 이유는 당신의 첫 저서와 가장 최근의 저서, 즉 『크리스탈, 직물, 그리고 장(場)』과 『겸손한_목격자』 사이에 분명한 주제적 연결고리가 있는 것처럼 보이기 때문입니다. 그리고 『영장류의 시각』과 『유인원, 사이보그, 그리고 여자』 사이에도 그런 게 존재하는 것 같아요. 이 책들이 모두 1980년대에 씌어졌으니까요.

해러웨이 이 저서들을 일렬로 정렬해 놓고 바라보는 한 가지 방법은 역사적인 서사로 이야기하는 겁니다. 처음부터 지금까지 저의 일관된 관심은 무엇을 자연으로 간주할 것인가, 그리고 누가 자연 범주 안에 거주하게 될 것인가에 대한 거였어요. 그리고 더 나아가 자연에 관해 판단할 때 무엇이 위태로워지는가, 그리고 소위 자연이라는 것과 우리 사회의 소위 문화라는 것 사이의 경계를 유지하려 할 때 무엇이 위태로워지는가에 대한 것이었지요. 그리고 가치들이 어떻게 뒤집어지는가? 문화사와 정치 속에 들어 있는 바로 이런 중요한 이원론이, 자연과 사회, 혹은 자연과 문화 사이에서 어떻게 작동하는가? 등등에 관한 것이었어요.

구디브 네 권 모두 이런 이원론에 대한 다른 수확물이었지요?

해러웨이 맞습니다— 네 권 모두 이런 문제에 대한 해석이었고, 생물학을 통한 접근이었지요. 그러나 생물학이 중심적인 조직 원리이긴 하지만, 생물학은 언제나 문학, 인류학, 그리고 역사 등의 학문들과 연계되어 있을 뿐 아니라, 정치 및 기호학적 실천의 여러 문제들과도 밀접하게 얽혀 있었습니다. 그러므로 주된 화두는 사실과 허구 사이의 접점, 문자적인 것과 비유적인 것 혹은 전의(轉義)적인 것과의 접점, 그리고 과학적인 것과 표현적인 것 사이의 접점 등 이들 사이의 매우 강력한 접점을 어떻게 유지하느냐 하는 거지요.

구디브 당신이 첫 번째 저서에서 한 일이 전의적인 분석이었지요?

해러웨이 맞습니다. 첫 저서인 『크리스탈, 직물, 그리고 장(場): 20세기의 발생생물학에서 사용된 유기체론의 은유들』은 20세기에 생물학적 형식을 해석하기 위해 사용되었던 세 개의 은유구조에 대해, 즉 생물학적 형식을 만들고 통제하기 위한 개념들에 대해 토론하였습니다. "크리스탈," "직물," 그리고 "장"(場)은 모두 비-환원적인 은유들로 비-원자적이고 비-미립자적임을 뜻하지요. 이들은 복잡한 완전체들과 복잡한 과정들을 다루는 은유들이에요. 달리 말하자면, 가장 작은 부분들로 부순 다음 다시 관계를 덧붙여 나가는 식으로는 형식을 이해할 수 없다는 거지요.

구디브 그 점이 당신의 이론 전반에 걸쳐서 매우 중요하지요? 사람들이 당신의 작품을 읽는 한 가지 방법일 정도이니까요.

해러웨이 네. 사람들이 관계들, 즉 완전한 이론을 놓친 채 오직 분리된 조각에만 초점을 맞추면 제 작품을 잘못 읽게 되지요. 내 은유들은 모두 가장 작은 부분들을 통해서는 접근될 수 없는 복잡성 수준에서 일어나는 일종의 시너지 행동을 의미합니다. 그러니까 그들은 모두 복잡성에 관한 은유들이지요. 나의 작품은 언제나 무엇을 자연으로 간주할 것인가의 문제를 다루었어요. 어쩌면 넓은 범위의 자연의 종류들에 대한 책인지도 모릅니다. 제가 저술한 다양한 종류의 사이보그에 관한 작품들은 인공 자연에 관한 겁니다. 이런 저술들을 읽는 한 가지 방법은 『영장류의 시각』, 『유인원, 사이보그, 그리고 여자』, 『겸손한_목격자』 등 이 세 작품이 세 가지 종류의 실재물들을 다루고 있으며, 각 작품이 일련의 역사성, 일련의 이항대립들, 일련의 접촉면들(interfaces), 일련의 지식실천을 다르게 조사하고 있다고 읽는 겁니다. 각 작품이 다른 작품의 내용을 되풀이하여 말할 때도 있으나 똑같지는 않아요. 『겸손한_목격자』는 삼부작의 세 번째 권이라고 볼 수 있지요. 이 세 권의 책은 에세이들로 구성되어 있고, 각 에세이는 그 나름의 출판 역사를 갖고 있어요. 그 책들에는 그 전에 출판된 적이 없는 새로운 내용이 많지요. 또한 모두 다른 기회에 저술되어 출판된 에세이들이 실려 있지요. 다른 책에서 이미 했던 작업도 일부 실려 있어요. 예를 들어 『유인원, 사이보그, 그리고 여자』에서는 「사이보그 선언문」과 「포스트모던 몸의 생물정치학」(The Biopolitics of Postmodern Bodies) 등이 주요 에세이들이지만, 영장류에 대한 에세이들과 젠더에 대한 에세이들도 들어 있어요. 이와 마찬가지로 『영장류의 시각』에도 영장류 연구의 사이보그적인 성질을 강조하는 챕터들이 들어 있지요. 그리고 『겸손한_목격자』에는 사이보그 주제는 강조하지만 영장류에 대해서는 강조하지 않는 챕터들이 들어 있습니다. 또한 상황적 지식을 다루는 많은 화두들이 『겸손한_목격자』에 다시 출현하기도 하지요.

영장류학

구디브 어떻게 영장류 연구에 관심을 갖게 되셨나요?

해러웨이 일차적으로는 페미니즘의 창문을 통해서 관심을 갖게 되었지요. 엘리노 리콕(Eleanor Leacock)[1]이 쓴 초기 마르크스주의적 페미니즘 글, 샐리 슬로컴(Sally Slocum)[2]이 1975년 남자-사냥꾼 가설

---

1. [옮긴이] 1922.7.2~1987.4.2. 컬럼비아대학교 Ph. D. 뉴욕 시립대학교의 교수 역임하였고 미국의 문화인류학자이다.
2. [옮긴이] 1939년 출생. 미국의 페미니즘 인류학자이다.

에 대해 비판한 논문 「여자-채집인: 인류학에서의 남성 편견」(Woman the Gatherer: Male Bias in Anthropology), 1978년에 발표된 애드리엔 질먼(Adrienne Zihlman)과 낸시 태너(Nancy Tanner)의 초기 논문 「채집과 원인(原人)의 적응」(Gathering and Hominid Adaptation)[3] 등 특히 인종 및 젠더의 역사 속에 들어 있는 진화 설화들의 중요성 때문이었지요.

구디브 그 후 영장류 소재가 1980년대 내내 당신의 연구분야가 되었군요?

해러웨이 사실 저는 1974년에 홉킨스에 갔고, 1976년에 영장류 소재에 대한 작업을 하기 시작했어요. 그리고 그와 동시에 1980년대에 사이보그 작업도 하고 있었지요. 저는 1983년부터 1984년까지 「사이보그들을 위한 선언문」을 썼고, 그동안에도 내내 영장류에 관한 논문들을 쓰고 있었어요. 그러니까 『영장류의 시각』과 『유인원, 사이보그, 그리고 여자』는 동시에 씌어진 거지요. 1987년 프린스턴의 고등학문 연구소에 있는 동안 저는 「포스트모던 몸의 생명정치학」과 「상황적 지식」(Situated Knowledges)을 썼고, 같은 해에 『영장류의 시각』의 저술을 끝마쳤어요.

---

3. 애드리엔 질먼(Adrienne Zihlman)과 낸시 태너(Nancy Tanner), 「채집과 원인(原人)의 적응」(Gathering and Hominid Adaptation), 『여성 위계질서』(*Female Hierarchies*), 리오넬 타이거(Lionel Tiger)와 히더 파울러(Heather Fowler) 편, (시카고: 베레스포드 출판사, 1978), 163~94쪽.

구디브 왜 영장류 연구에 끌리게 되셨나요?

해러웨이 거기에 대해 여러 가지 방법으로 말할 수 있어요. 그중 한 가지 방법은 제가 정말로 원숭이들과 유인원들을 좋아한다는 거예요. 저는 원숭이와 유인원을 정말로 매력적인 동물이라고 생각해요. 1960년대에 자유롭게 놓아기르는 동물들 — 원숭이들과 유인원들 — 에 대한 연구가 폭발적으로 인기를 누렸지요. 제가 제인 구달(Jane Goodall)의 이야기들을 듣던 청중의 한 사람이었다는 사실에는 의심의 여지가 없습니다. 그리고 이와 동시에 자연으로부터 나온 여러 주장들이 인종 및 젠더 논쟁의 중심이 되었고, 그리고 그런 점 때문에 계층 논쟁에서도 절대적인 중심을 이루게 되었지요.

구디브 당신이 『영장류의 시각』에서 표현한 것처럼, "영장류학은 '인간의 기원 및 본성 같은 원시적인 설화들에 관한 것이고, 인간 본성의 개선 및 재구축 같은 개혁 설화들에 관한 것"이군요.[4]

해러웨이 네, 그리고 제 신분을 생물학사가(生物學史家)로 밝히기 시작하면서(사실 처음 그렇게 신분을 밝힌 것은 홉킨스에 있을 때였습니다), 저는 귀화(naturalization)[5]와 생물학화(biologization) 주장에

---

4. 다나 J. 해러웨이, 『영장류의 시각: 근대 과학세계에서의 젠더, 인종, 그리고 자연』(뉴욕: 러틀리지, 1989), 9쪽.
5. [옮긴이] 생물이 사람의 매개로 본래의 자생지로부터 다른 지역에 이동하여 그곳에서 생존, 번식할 수 있게 되는 것. 동물이 경우에는 귀화동물, 식물인 경우는 귀화식물, 양자를 합쳐 말할 때는 귀화종 또는 이입종이라고 한다.(『생물학사전』)

점점 더 관심을 갖게 되었지요. 그런 식으로 문화, 역사, 정치의 너무나 많은 문제들이 생물학적·진화적 설화들로 서술되게 되었으니까요. 그리고 그와 정반대의 현상도 일어났어요—달리 말하자면, 생물학적·진화적 설화들에 정치경제의 도구들이 끼어들어 여러 겹의 설화가 되었지요.

구디브 당신이 "유인원 오리엔탈리즘"이라고 지칭한 걸 말씀하시는 건가요?

해러웨이 네, 저는 영장류학을 서양의 또 하나의 재현체계로 읽을 수 있다는 데 관심을 가졌지요. 즉 "동물," "자연," "몸," "원시적," "여성" 등등의 용어를 통해 서양이 자기(self)를 구성하는 방법에 대해 알 수 있다고 생각한 거지요.

구디브 당신은 서론인 「잔영(殘影)」(The Persistence of Vision)에서 바로 그런 말씀을 하셨습니다. "자연이라는 본체의 일부인 영장류의 몸은 권력의 지도로 읽혀질 수 있다. 생물학과 영장류학은 본래 정치 담론으로, 그 주요 지식대상들은 (예를 들어 유기체론과 생태계는) 문화사 전체 및 문화정치를 집약하여 보여주는 기호들(요약들)이다. 문화는 명상과 통제를 위해 이 기호들을 만들었다. 영장류의 몸은 복잡한 종류의 정치담론이다."6 우리는 〈킹콩〉(*King Kong*)[1933] 같은

---

6. 같은 글, 10쪽.

영장류를 다룬 영화들 및 아프리카 오리엔탈리즘식의 영화들의 전체 역사 속에서 이것이 사실임을 명백하게 알게 되지요.

해러웨이 네. 『영장류의 시각』은 소위 제3세계에서 일어나는 인종차별주의적 담론 및 영장류학의 역사와 직접적인 관련을 맺으며 씌어졌습니다. 주요 영장류 연구자들은 북부 산업국가 출신이었고, 원숭이들과 유인원들이 사는 주된 장소는 지구상에서 이전에 식민지였던 곳입니다. 이 사실이 정말로 중요해요. 그러니까 『영장류의 시각』은 애초부터 식민주의 및 포스트식민주의와 관련되어 있었고, 영장류들이 여러 종류의 인종적 · 국가적 담론에 어떻게 깊이 연루되어 있는지에 관심이 있었습니다. 그래서 그 책은 젠더가 우선적인 관심사였지만, 단지 젠더만 다룬 책이 아닙니다. 그 책의 시작부분, 즉 당신이 읽은 구절 부근에 있는 동양 카펫 위에 누워있는 나체 여인상이 바로 그런 사실을 의미하지요.7

구디브 그 그림이 그런 재미있는 그림이었군요.

해러웨이 그러나, 세상에, 이런 것들이 영장류학자들을 분노하게 만들다니!

---

7. 톰 팔모어(Tom Palmore), 『누워 있는 나체 여인』(*Reclining Nude*, 1976). 필라델피아 박물관.

구디브 왜요?

해러웨이 영장류학자들은 공격을 받았다고 느꼈어요.

구디브 그러나 당신이 그런 그림을 지어낸 게 아니잖아요. 마치 가부장제 때문에 프로이트를 비난하는 것과 같네요.

해러웨이 어느 정도 비슷하지요. 그러나 제가 만약 이 책을 다시 쓴다면 두 가지 점에서 다르게 쓸 겁니다. 첫째는 영장류학자들과 현장에서 더 많은 시간을 보낼 겁니다. 대개 대담과 서류를 기초로 하여 『영장류의 시각』을 썼으나, 제가 실제로 한 것보다 훨씬 더 깊은 민속지학적[8] 참여를 했어야 한다고 느낍니다. 그러니까 그 점이 바로 제가 아직 좋아하고 있는 그 책의 거대한 방법론적 결점이지요. 그리고 둘째는, 첫 번째 것과 관련이 있는데, 영장류학자들을 이 책 속으로 초대하며 안심시키는 수사학적 장치에 좀더 많은 시간을 할애할 걸 하는 아쉬움입니다. 그들의 사유방법을 내가 잘 알고 있으며 또한 좋아한다는 더 많은 증거를 그들에게 주었더라면 하는 점이 아쉬워요. 그 책은 많은 영장류학자들에게 매우 불쾌한 책이었어요. 그들은 공격당하고 배제되었다고 느꼈지요.

---

8. [옮긴이] 인류학의 한 부분. 특정문화의 주의 깊은 기술을 의미하며, 인간집단의 비교연구와 역사적 연구의 바탕을 제공한다. 특정 문화나 사회에 초점을 맞추는 민속지학(ethnography)은 일차적 연구이고, 보편적인 인간과학인 인류학은 이차적인 연구이다. 그러므로 민속지학은 일반화와 비교화를 염두에 두고 체계적으로 특정 인간사회를 기술하는 것을 말한다. 민속지학은 문화인류학의 자료이다.

구디브 그 책을 자신들을 희롱하는 일종의 부정적인 비판서라고 생각했군요. 당신이 손가락을 흔들며 "당신들의 영장류학은 인종차별적이고, 성차별적이며, 식민주의적인 기획"이라고 말하는 것처럼 느낀 거지요?

해러웨이 정확히 그렇습니다. 저는 그 책이 그런 주장을 하고 있다고 생각하지 않아요. 그러나 그 책이 감정적·지적으로 어떻게 이해되었는지 잘 압니다. 그리고 그런 일이 일어나지 **않도록** 앞으로 훨씬 더 열심히 일할 겁니다.

구디브 그 책이 출판된 후 영장류학자들과 어떤 종류의 대화들을 나누셨습니까?

해러웨이 가장 흥미로웠던 대화는 2년 전 브라질의 웨너 그레이 재단의 후원으로 셜리 스트럼(Shirley Strum)과 린다 페디건(Linda Fedigan)이 조직한 회의에서 나누었던 대화였지요. 그 회의는 영장류 학문이 금세기[20세기]를 거치면서 어떻게 변화했는가를 구체적으로 토론하기 위한 회의였지요. 과학 연구자들, 페미니즘 연구자들, 영장류학자들, 그리고 다른 행동생태학자들이 초대되었어요. 미국문화 속에서 동물들이 어떻게 재현되었는지에 관해 훌륭한 연구를 한 생물학사가 그레그 미트맨(Gregg Mitman) 같은 사람도 초대되었지요. 고고학사를 연구하는 부르노 라투르(Bruno Latour), 저, 이블린 켈러(Evelyn Keller), 앨리슨 와일리(Alison Wiley) 등의 사람들도 있었어요. 브라질, 일본, 영국, 캐나다, 미국 출신의 영장류학자들도 있었지요. 총 22명의 사람들이 일주일 동안 회의에 참석하기 위해 그곳으로 온 겁니다.

구디브 당신이 그 책에서 언급했던 사람들도 있었나요?

해러웨이 네. 제가 깊이 있게 대담했던 몇 사람이 거기에 있었어요. 그중 어떤 사람들은 그 책을 좋아했고, 어떤 사람들은 전혀 좋아하지 않았지요. 그러나 그 일주일은 매우 유익했고 진지했어요. 일주일간 우리는 영장류에 대한 지식이 어떻게 형성되는지에 대해 토론했지요. 예를 들어, 1990년대에 유능한 영장류학자들이 생태학, 임학, 서식지 구조 등의 시급한 관심사 밖에 있는 유기체론에 대해 사고할 수 없었던 이유에 대해 토론했지요. 생태학, 임학, 서식지 구조 같은 것들이 인간들이 동물들에 대해 묻는 질문들을 진정으로 변화시킨답니다.

구디브 그런 예를 들어 주시겠습니까?

해러웨이 예를 들어 브라질에서는 임학 및 서식지 파괴, 지속성 (sustainability), 이런 것들에 영향을 미치는 국제협약 및 산업들 등등에 대해 생각하지 않고 남아메리카 영장류 문제를 건드릴 수 없습니다. 즉각 당신이 묻는 질문들을 구체화시키는 지적·정치적 광경의 한가운데에 서있게 될 테니까요. 그러니까 당시 우리들은 변화된 이데올로기적·물질적 상황이 어떻게 문제가 되는지 알고 있었어요.

1960년대에 있었던 국가주의적 포스트식민주의의 초기 순간과 1990년대에 있었던 환경 및 개발에 관한 리우회의[9] 이후(post-Rio)가 그렇게 다른 겁니다.

구디브 마치 『영장류의 시각』에서 다루었던 많은 화두들에 대해 토론하고 있었던 것 같군요.

해러웨이 네, 그랬어요. 저는 제 책이 어느 정도 그런 토론을 부추겼다고 느꼈어요. 물론 많은 다른 요인들도 있었지요. 그 회의는 그 책에 대해 토론하기 위한 회의가 아니었으니까요. 그 책은 여러 인공물들 중 하나였지요. 당신이 다른 표현을 원하신다면, 우리들 몇 명이 공유하고 있던 인공물들 중 하나였습니다. 여러 면에서 매우 힘든 일주일이었어요. 대화의 내용들이 쉽지 않았거든요. 개인적으로 저에게는 많은 사고를 할 수 있었던 시간이었어요.

구디브 그 책은 영장류학에 어떤 영향을 미쳤습니까?

해러웨이 그 책이 영장류학에 영향을 미쳤다고 생각하지 않아요. 그

---

9. [옮긴이] 환경 및 개발에 관한 유엔회의. 1992년 6월 3일부터 14일까지 브라질의 리우데자네이루에서 세계 185개국 대표단과 114개국 정상 및 정부수반들이 참여하여 지구환경보존 문제를 논의한 회의이다. 이 회의에서는 선언적 의미의 '리우선언'과 '의제 21'의 채택 외에 지구의 대기보전을 위한 '기후변화에 관한 유엔기본협약,' 생물자원의 보호와 개발에 관한 '생물다양성 보존협약' 등이 수십 개국에 의해 별도로 서명됨으로써 지구환경보호활동의 수준이 한 단계 높아지는 성과를 낳았다.

회의에 참석했던 많은 사람들이 그 책을 읽지 않았더군요. 그러나 알고는 있었어요. 그 책이 출간되었을 때 영장류학자들이 쓴 서평 중 삼분의 이가 부정적이었어요. 그 외의 다수의 사람들은 막연하게 적대적이었고, 소수만이 긍정적이었어요. 가장 훌륭한 비평 중 몇몇은 엄청나게 비판적이었지요. 가장 눈에 띈 비평은 제 숨을 멎게 할 정도로 일종의 나쁜 악의로 씌어진 단순하게 적대적인 — 과학전쟁 쪽으로 상당히 굴절된 — 비평이었어요. 이것은 제 의견이 아닙니다. 제가 그 책에서 거론했던 앨리슨 졸리(Alison Jolly)[10]가 그 후 그 비평과 맞붙어 싸웠고, 결국 그 책에 큰 관심을 갖게 되었지요. 그러나 그녀는 여전히 제가 결국에는 상대주의자일 뿐이라고 염려하고 있습니다. 과학은 최고의 방법이고, 영장류학자들은 우리 같은 문화비평가들과 달리, 세계가 "존재하는" 방법에 진정 관심이 많다고 주장하지요.

구디브 그러나 당신도 그렇습니다 — 완전하게 그렇지요! 그것이 바로 당신이 쓰는 글의 내용이고요.

해러웨이 그녀도 그것을 알고 있지만 내가 도입하는 여러 겹의 해석에 대해 끊임없이 염려하고 있어요.

---

10. [옮긴이] 마다가스카르 남부에서 거의 40여 년 동안 둥근꼬리여우원숭이를 연구하였다. 영국의 대학과 미국의 프린스턴대학교에서 봉직하고 세계영장류학회 회장 역임하였다.

구디브 어떻게 그 틈을 이을 수 있을까요? 저는 어떤 의미에서는 그 문제가, 사람이 어디에 위치해 있든, 이론 문제를 다루는 방법의 문제라고 생각해요. 이론 대(對) 실천이라는 잘못된 개념 때문에, 모든 이론이 "실천"을 다룰 때 문제가 생기고, 모든 "실천"이 이론을 다룰 때 문제가 생기는 데도 불구하고, 영장류학자들이 볼 때 "장"(場)은 이론적 지식을 훨씬 더 어렵게 만듭니다. 장(場)은 무엇이 이론인가? 의 문제를 자세히 분석하지요. 자주 사람들은 이론의 실천을 보지 못하거나, 이론의 실천을 실천이라고만 생각해요. 저는 이것을 당신에게서 배웠지요. 어떻게 이론과 실천이 DNA 가닥처럼 꼬여있는 하나의 단위인가를 배웠지요. 불행히도 일부 사람들은 여러 모순적인 수준(여기에서 '모순적인'이라는 단어는 기능적인 뜻을 갖고 있다)을 넘나드는 복잡한 분석이, 곧 상대주의를 의미한다는 생각 속에 빠집니다. 가끔 저는 그 문제가 이론 대(對) 실천의 문제가 아니라, 섬세함과 모순을 참고 견딜 수 있는 사람들 대(對) 복잡성을 환원하여 단순화해야 하는 사람들의 문제라고 생각해요.

해러웨이 이 세상에 상대주의가 많지 않다는 뜻이 아닙니다. 저는 제 책에서 급진적인 인식론적 상대주의를 보는 사람들은 그 책을 읽고 있는 게 아니라고 생각해요. 그러나 앨리슨 졸리에게서 당황스러운 점은, 그녀가 포에시스(poesis)[11]를 듣고 감상한다는 겁니다. 그녀는

---

11. 아리스토텔레스는 praxis와 poesis를 구별하였다. praxis는 '행위'이고, poesis는 '만듦'으로, 만듦(poesis)은 만드는 행위(praxis)와 결국에는 구별되는 목표를 갖고 있는 반면, 행함으로써 목표가 행위 그 자체와 다름없게 된다. 아리스토텔레스는 한편으로는

은유작업에 관심이 크지만 그 책에 들어 있는 밀도 있는 주장, 즉 깊은 증거구조를 놓치고 있어요 — 말 그대로 보지 못하고 있지요. 그녀는 이런 실천들이 그 책에 공존하고 있음을 잊고 있습니다.

구디브 "잊다"라는 단어가 완벽하게 들어맞는군요. 그 문제는 자주 당신이 만드는 연결고리들을 이해하거나 생각해 내지 못하고, 단순히 한 가지 양상만을 기억하는 문제이니까요. 당신의 책의 뼈대인 유기체론에 관한 토론으로 자연스럽게 되돌아가는군요.

해러웨이 정확히 그렇습니다. 앨리슨은 최근 자신의 책의 한 챕터에서 제인 구달의 「우주의 유인원들」(Apes in Space)과 『내쇼널 지오그래픽』(*National Geographic*)지의 컨텍스트 속에 있는 그 토론을 기억해냈습니다. 그러나 침팬지 사회단위에 관한 과학논쟁을 다룬 토론은 하나도 기억하지 못했어요. 세 개의 주요 해석 패러다임 — 어미-새끼 간의 유대관계, 일본인들이 도입한 단위그룹, 행동생태학자들이 연구하는 단위종류들 — 에 대한 주장을 하나도 기억하지 못했지요. 그런 단위들이 깊이 뿌리내리고 있다고 간주되는 지성사(知性史)와 제도사(制度史)를 놓친 겁니다. 연구현장의 역사에 관한 각주 전체, 구달이 현장분지에서 받은 아프리카 현장의 도움의 중요성에 관한 모든 내용, 출판 관례, 곰비 국립공원에서 데이터베이스를

활동의 목표(텔로스)가 활동 그 자체와 다른 활동을 언급하고 있지만, 다른 한편으로는 텔로스가 활동 그 자체인 활동에 대해서도 말하고 있다. 전자가 포에시스이고, 후자가 프락시스이다.

수집하며 현장에서 일하는 방식, 데이터베이스의 컴퓨터화, 현장부지에서 기록한 현장의 역사 등등을 놓치고 말았지요. 그녀는 그 어느 것도 기억해 내지 못했어요!

구디브 당신이 이런 사실을 밝혔을 때 어떤 일이 일어났나요?

해러웨이 그녀는 돌아가 수정을 했지요. 그 후 그것을 제게 다시 보내왔고 이제는 제가 수정된 챕터를 다시 돌려보낼 차례이지요. 대체로 『영장류의 시각』에 등장한 여성들은 새러 허디(Sarah Hrdy)를 제외하고는 공격당했다는 기분을 덜 느꼈어요. 그 이유의 일부는 제가 덜 성차별적이라고 생각한 네 명의 여성들의 작업을 강조하며 마지막 네 챕터를 썼기 때문이지요. 저는 지금도 그들의 작업이 근거 있는 역사적인 이유들로 인해 덜 성차별적이라고 생각해요. 그들은 그 결과 더 나은 생물학을 하게 된 거지요. 하이에나를 연구하는 버클리의 캘리포니아대학교 출신의 스티브 글릭맨(Steve Glickman)은 브루노 라투르와 저의 연구에 깊이 관여하고 있습니다. 셜리 스트럼과 린다 페디건처럼 말입니다. 그리하여 결국 그 책은 영장류학에 직접적인 영향을 미치지 못하였습니다. 그러나 과학연구의 결과로 생긴 그 사상들은 영장류학에 대한 대화들의 일부가 되었지요.

제3장

역사적 행운

유인원, 사이보그, 그리고 여자

질병은 관계이다

나는 이야기하기를 좋아하며, 그래서 생물학을 시정학의 한 지류라고 생각한다.

다나 J. 해러웨이

역사적 행운

구디브 1970년대와 1980년대에 당신의 야심과 생산성이 믿을 수 없을 정도로 팽창한 것처럼 보입니다.

해러웨이 저에게 1980년대는 매우 생산적인 시간이었어요. 저는 매우 행복했지요. 우리는 힐즈버그에 집을 다시 짓고 있었어요. 저는 거의 매 주말마다 그곳으로 통근하고 있었고, 여러 건설공사를 하고 있었으며, 정원을 가꾸고 있었지요. 제이의 애인인 밥을 존경하고 있었고, 러스틴과 정말로 좋은 관계를 맺고 있었으며, 의식사학과의 학생들을 사랑하고 있었지요. 그러나 그런 모든 것들이 1985년 밥이 AIDS(후천적 면역 결핍 증후군)에 걸려 1986년에 사망하자 갑자기 끝나버리고 말았어요. 이 사건이 제이를 황폐하게 만들었지요. 그 후 제이도 물론 육체적으로 벼랑 끝에 서게 되었어요. 밥이 죽었을 때 그의 T 세포 수치도 이미 200 이하였거든요.

구디브　제이는 밥과 얼마 동안 함께 살았나요?

해러웨이　밥은 1980년부터 1986년 사망할 때까지 제이의 애인이었어요. 와트슨빌 출신의 필리핀계 치카노로, 아버지는 미국으로 이민 온 작은 잡화상 주인이었지요. 어머니는 라틴계였어요. 어머니의 가족들은 여러 세대에 걸쳐 뉴멕시코 주에 살았지만, 어머니는 캘리포니아 주로 이사했지요. 인종차별적인 캘리포니아 주 법의 역사가 그들 이야기의 중요한 부분이랍니다. 1950년대의 캘리포니아 주에는 이종족(異種族)간의 잡혼을 금지하는 법이 있었기 때문에 밥의 부모는 결혼하기 위해 뉴멕시코 주로 돌아가야 했거든요. 밥의 아버지는 어머니보다 훨씬 연세가 많으셔서 일찍 돌아가셨어요. 필리핀계 여자들은 대개 이민 할당제 때문에 미국에서 추방되었으므로, 필리핀계 남자들은 다른 인종집단 출신의 어린 여자들과 결혼하였지요. 아버지가 돌아가시자 밥의 가족은 심각한 경제적 궁핍에 시달렸어요. 어머니는 와트슨빌의 통조림 공장에서 일하셨어요. 어머니는 재혼하셨고, 네 명의 다른 자식을 낳으셨지요. 러스틴과 나는 마치 광범위의 가족처럼 아직도 그들과 연락을 취하고 있어요. 밥이 죽었을 때

밥의 어머니가 저의 집에 오셨어요. 어머니는 그때 여러 모로 제이와 밥이 평생의 동반자라는 걸 깨달으셨지요. 밥이 아프기 전에는 그들의 관계를 심각하게 생각하지 않으셨거든요. 저의 아버지조차 밥이 병들고 나서야 그들의 관계의 깊이를 깨달으셨어요. 아버지는 게이들의 관계가 매우 진지하며 이성애(heterosexual) 결혼만큼 헌신적이라는 사실을 이해하지 못하셨거든요. 이런 말이 이상하게 들릴지 모르겠지만, 당시 그의 생각이 그랬어요. 밥이 죽고 넉 달 뒤에 그의 첫 손자가 태어났는데, 아버지는 그 손자의 대부가 되어 달라며 제이를 초대했지요. 밥이 대부가 되었어야 했는데, 밥 대신 제이가 초대받은 거예요. 우리는 밥의 사망 10주기이자 제이의 사망 5주기 때 작은 파티를 열었어요. 밥과 제이 양가에서 많은 사람들이 참석했지요. 의미 있는 행사였어요.

구디브 제이가 소중하게 가꾸던 과수원이 있었지요? 추도식 때 과수원이 있었던 기억이 납니다. 참석자들이 과일을 한 개씩 집으로 가져갔지요.

해러웨이 네, 과수원이 있었어요. 그 과수원에는 제이의 나무도 있었고, 밥의 나무도 있었지요. 우리들 모두의 과수원이었어요. 추도식 때 나누어 준 과일은 복숭아였습니다.

구디브 추도식 때 과일을 들고 당신들이 그 과일에 들인 노동과 사랑을 상상했던 경험이 얼마나 강력했는지 아직도 기억이 납니다. 당신의 제자로서 제가 당신의 공동체에 대해 알게 되었을 때, 즉 전 남편, 그의 남자 애인, 당신 파트너 등이 한 집에 함께 산다는 사실을 알게 되었을 때, 저에게 중요했던 한 가지 점에 대해 말씀드리고 싶어요. 저는 당신이 글로 쓰고 가르치는 이론대로 살고 있다는 사실을 깨닫게 되었어요. 그리고 당신들의 공동체를 마치 유토피아처럼 생각했어요. 한때 결혼했던 남자, 그의 애인, 그리고 당신의 파트너 러스틴 등이 동거하며 계속 영혼의 친구로 남아 있었으니까요. 이 모든 것이 당신만의 특별한 유대관계를 만들고 있다고 생각했지요. 그 때나 지금이나 이에 대해 낭만적으로 생각하지 않기가 어렵군요. 더군다나 당시 샌타 크루즈의 캘리포니아대학교에서 핵심 교육과정 강의를 한다는 것 정도로 제이에 대해 가볍게 알고 있었지만, 제이의 죽음이 제게 상당한 영향을 미쳤기 때문에 더욱 그러했습니다. 저도 당시 그런 유대관계를 너무나 갈망하고 있었거든요. 커플 및 결혼의 이데올로기를 대신한 그 유대관계가, 기존의 등록된 모든 친한 관계들을 가로지르는 진정한 우정 및 사랑을 모두 포괄하고 있다고 믿었어요. 그래서 저는 당신을 신뢰하게 되었지요. 생활 속의 실천에 대한 당신의 신념의 정도를 알게 된 겁니다.

해러웨이 역사적으로 운이 좋았기 때문에 그런 일들을 할 수 있었어요. 우리는 바로 직전과 직후에 문을 닫은 문화사의 여러 계기들로부터 여러 허가를 물려받았거든요. 또한 제이와 저는 떼어낼 수 없는 우정을 나누고 있었어요. 만약 우리가 서로를 떠나가게 할 수 있었다면 여러 모로 훨씬 더 나아졌을지 누가 압니까? 그러나 저는 헤어지지 않기를 정말 잘 했다고 생각해요. 그리고 역설적으로 들리겠지만 제이와 밥이 죽은 후 러스틴과 저는 전혀 의도하지 않은 방식의 커플이 되었습니다.

구디브 제이가 몇 년도에 사망하였지요?

해러웨이 1991년도에 사망하였습니다. 『유인원, 사이보그, 그리고 여자』가 출판된 해였지요.

이 책은 몸정차설화의 진화에 대해 경고하는 책으로 읽어야 한다.

다나 J. 해러웨이

유인원, 사이보그, 그리고 여자

구디브 당신이 독자에게 "경고하는 책"이라고 말한 『유인원, 사이보그, 그리고 여자』에게로 옮겨 가지요.

해러웨이 좋습니다. 처음부터 반-신화 만들기라는 수사학적 전략을 전경화하였지요. 그러나 『유인원, 사이보그, 그리고 여자』가 1970년대와 1980년대 씌어졌으나 1991년이 되어서야 책으로 출판된 에세이들의 모음집이라는 사실을 기억하는 게 중요합니다.

구디브 네. 전체로서의 책 — 일련의 에세이들이 아니라 — 과, 젠더부터 여성학까지, 그리고 사이보그, 영장류들, 면역학까지 여러 기간에 걸쳐 씌어진 별개의 개별적인 에세이, 그 둘 사이의 긴장이 당신 방법의 핵심적인 부분이지요. 그리고 그 긴장은 이 책이 이론적 대상으로서 학문에 끼친 영향에서도 필수적인 부분이에요. 자연스럽게 설화 문제뿐 아니라 유기체의 은유에 관해서도 연구했던 당신의 초기 작업으로 돌아왔군요. 당신은 "과거 1970년대에 저자는 예의바르고 미국 사회주의적-페미니즘 성향을 가진 백인 여성의 인류생물학자였으며, 원숭이 · 유인원 · 여자 등에 관한 글을 쓰는 과학사가가 되었다"[1]라고 자신을 소개했는데, 그 구절은 당신을 컨텍스트 안에 위치시키는 동시에 큰 재미를 줍니다.

해러웨이 글쎄요, 제가 연구하는 물체들만큼이나 제 자신이 대단한 담론대상이지요.

구디브 그리고 당신은 "여러 가능한 세계들을 재형상화하기 위해 불리한 카드도 강력한 와일드카드로 변화시킬 수 있는 사기꾼 같은 인물들" 같은 분석대상을 서론 부분에 등장시켰지요. 그리고 나서 마지막 에세이인 「포스트모던 몸의 생물정치학: 면역체계 담론에서의 자아의 결정」[2]에서 세계 그 자체를 사기꾼 같은 인물로, 즉 "위트 있는

---

1. 다나 J. 해러웨이, 『유인원, 사이보그, 그리고 여자』(뉴욕: 러틀리지, 1991), 1쪽. [한국어판: 민경숙 옮김, 동문선, 2002, 13쪽].
2. [옮긴이] 해러웨이가 1989년 에세이로 썼을 때의 제목이 「포스트모던 몸의 생물정치학:

행위자이자 행동가"로 다시 묘사합니다. 그리고 "아마도 포스트모던 틀 속에서 기술-생명정치에 대해 설명할 수 있기를 바라는 우리의 희망은, 세계를 우리가 대화하는 법을 배워야 하는 코드화의 사기꾼으로 재상상하는 데 달려 있는지도 모른다"[3]라고 쓰셨지요. 사기꾼은 세계를 이해하는 방법론일 뿐 아니라 문화적·신화적 장치입니다. 당신은 이 사기꾼이 우리가 대화하는 법을 배워야 할 사람이라고 강조합니다. 이 말은 그 사기꾼의 말하는 방식을 배워야 한다는 뜻이지요. 우리는 이 책 속에서 하나의 실재물을 발견하고 있을 뿐 아니라 그 실재물의 제도, 서식지, 언어도 배우고 있습니다. 이것은 당신의 저작 전체에서 매우 중요합니다.

해러웨이   네, 사기꾼의 내용은 그 에세이들 전체에서 큰 주제이며, 의인화(anthropomorphism)[4]를 경고하기 위한 겁니다. "대화"(conversation) 같은 단어조차도 우리가 잘 아는 말(speech)이라는 단어를 연상시키기 때문에 어렵습니다. 그러나 사기꾼이라는 인물은 우리와 함께 시궁창에 빠져 있는 비인간적인 세계, 즉 우리가 아닌 모든 것을

면역체계 담론에서의 자아의 결정」(The Biopolitics of Postmodern Bodies: Determinations of Self in Immune System Discourse)이다. 1991년 저서 『유인원, 사이보그, 그리고 여자』에는 「포스트모던 몸의 생물정치학: 면역체계 담론에서의 자아의 구성」(The Biopolitics of Postmodern Bodies: Constitutions of Self in Immune System Discourse)이라는 제목으로 실렸다.
3. 같은 글, 209쪽. [한국어판: 민경숙 옮김, 동문선, 2002, 78쪽].
   [옮긴이] 원문에는 1쪽으로 되어 있으나, 원전의 209쪽에서 인용한 것이므로 옮긴이가 고쳐 썼다.
4. [옮긴이] 동물에게 많든 적든 사람과 동질적인 심적 활동이 있다는 것을 가정하여 사람의 심리적 활동의 유추에 의해 동물 활동을 이해·설명하고자 하는 입장이다.

가리키지요. 우리와 함께 시궁창에 빠져 있지만 우리가 아닌 데도 불구하고, 그들에 대해 논리정연하게 표현하지요. 당신들의 파트너들을 의인화한다는 건 심각한 실수를 저지르는 일이에요!

구디브 에세이 「생물학적 기업: 성, 정신, 그리고 인간공학부터 사회생물학까지 우리가 얻은 이익」(The Biological Enterprise: Sex, Mind, and Profit from Human Engineering to Sociobiology)은 20세기 전반의 인간공학 및 자본주의에 관한 사상들을 함께 그리고 있다는 점에서 발생적 에세이처럼 보입니다.

해러웨이 글쎄요, 그 에세이는 『영장류의 시각』[5]에서 썼던 내용을 다시 작업하고 다시 사고하며 쓴, 로버트 야키즈와 에드워드 O. 윌슨에 관한 챕터이지요. 그 에세이의 첫 부분에서는 야키즈가 1920년대와 1930년대에 예일에서 했던 작업을 다루었고, 그 후 시간을 훌쩍 뛰어넘어 에드워드 O. 윌슨과 사회생물학, 즉 윌슨이 하버드에서 젊은 연구자로 있던 시절인 제2차 세계대전 직후에 그가 한 작업을 다루었지요.

구디브 에세이 「생물학적 기업: 성, 정신, 그리고 인간공학부터 사회생물학까지 우리가 얻은 이익」을 시작하면서 인용한 한 인간공학자

---

5. 『영장류의 시각』의 「인간공학을 위한 실험공장: 1924~42년까지의 로버트 야키즈와 예일의 영장류 생물학 실험실」(A Pilot Plant for Human Engineering: Robert Yerkes and the Yale Laboratories of Primate Biology, 1924-42).

의 1894년도 글은 꽤 놀라운 내용이었어요. "생명은 상상할 수 있는 어떤 형태로도 만들어질 수 있다. 개나 인간의 세세한 특징들을 작성하라. … 나에게 환경통제권과 충분한 시간을 준다면, 당신의 꿈에 살과 피를 입혀 주리라. … 지각 있는 산업제도라면 목재·석재·철재뿐만 아니라 인간들까지도 각각의 성질에 맞게 적재적소에 배치시켜 시계, 발전기, 혹은 기관차에 쏟는 만큼의 정성을 기울여 효율적인 봉사를 할 수 있도록 광을 낼 텐데."라는 내용이었지요.

해러웨이 네, 19세기 말의 한 "인간공학자"가 말한 내용이지요!

구디브 1894년의 인간공학자와 1980년대와 1990년대의 사회생물학자가 비슷한가요?

해러웨이 그들이 같은 기계적 상상력을 갖고 있었기 때문에 그런 식으로 설정하였지요. 또한 변종 때문에도 그렇게 설정했어요.

구디브 인간공학자가 어떤 사람인지 설명해 주셨으면 합니다.

해러웨이 과학자들을 도와 인간과 직업을 잘 조화시키는 방법을 이해시키는 경영 과학자이지요.

구디브 그러니까 생물학과는 아무런 관계가 없군요.

해러웨이 없습니다. 인간공학자는 경영 과학자입니다. 생물학과 경영학 담론이 동침하는 아주 좋은 예이지요. 그런데 야키즈는 초기 연구에 춤추는 생쥐와 다른 유기체들에 관한 이런 흥미로운 연구를 포함시키고, 일생 중 상당기간 동안 "인간"의 모델로서 영장류의 연구실험실을 짓기를 열정적으로 바랐던 위대한 개혁가이자 생물학자이며 심리학자였어요. (저는 그 연구실험실을 인간공학을 위한 "실험공장"이라고 불렀지요.) 사회개혁과 삶 및 고통의 개선에 몰두하였고, 심리학에 대해 종교가 결코 해결할 수 없는 인간 문제들을 풀 수 있는 합리적인 해결책을 제공하는 근대 학문이라고 생각했지요. 그런데 저는 이 책의 앞부분에 있는 챕터들을 모두 "생산과 생식 체계로서의 자연"이라는 제목아래 묶었습니다. 이 세 챕터들은[6] 모두 수분 전에 우리가 말하던 내용 — 생산성과 효율성의 체계로서의 자연과, 문자 그대로 공학기획으로서의 자연 — 을 설명하는 방법들입니다. 당신이 어떤 것을 기계라고 정의하면 — 마치 침팬지처럼 — 그 기계가 갖는 힘의 중의 하나는 그것을 다시 공학적으로 처리(engineer)할 수 있다는 겁니다. 자본축적 시대의 자본주의 산업에서 실천되었던 것처럼, 침팬지가 인간공학의 컨텍스트 속에서 과학의 시녀라는 사실을 알게

---

6. 『유인원, 사이보그, 그리고 여자』, 제1장 「동물사회학과 자연경제적 몸정치학: 정치생리학적 지배원리」(Animal Sociology and a Natural Economy of the Body Politics: A Political Physiology of Dominance; 제2장 「과거는 논쟁지대이다: 인간의 본성과 영장류의 행동 연구에 나타난 생산·생식 이론들」(The Past is a Contested Zone: Human Nature and Theories of Production and Reproduction in Primate Behaviour Studies; 제3장 「생물학적 기업: 성, 정신, 그리고 인간공학부터 사회생물학까지 우리가 얻은 이익」(The Biological Enterprises: Sex, Mind, and Profit from Human Engineering to Sociobiology).

되면, 당신은 19세기에서 20세기로 바뀌던 시기에 프랭크 파슨스7가 말한 내용과 그 사실이 어떻게 연결되는지 알게 될 겁니다. 이런 예들 속에서 생명(인간의 노동, 생물학적 유기체들)은 어떤 상상가능한 형태로도 만들어질 수 있습니다. "개나 인간의 세세한 특징들을 작성하고, 나에게 환경통제권과 충분한 시간을 달라, 그러면 당신의 꿈에 살과 피를 입혀 주리라." 이 글을 1990년대 버전으로 다시 쓴다면, 나에게 유전자통제권과 충분한 시간을 준다면 당신의 꿈을 살과 피로 암호화 하리라가 될 겁니다. 파슨스의 글과 나란히 실려 있는 도킨스의 1976년 글에서 당신은 이런 것이 실제로 사회생물학에서 이루어지고 있음을 알 수 있습니다. 그 글에는 "그들은 당신 속에도 내 속에도 있다; 그들은 우리의 몸과 마음을 모두 창조했다; 그들을 보존하는 일이 우리 존재의 궁극적인 근거이다. 그들, 그 복제자들은 먼 길을 왔다. 이제 그들은 유전자의 이름으로 가고 있다. 그리고 우리는 그들의 생존 기계들이다."라고 씌어 있었지요.

구디브 당신은 무엇보다도 사회생물학과 진보된 자본주의 사이의 접촉면을 강화시키는 글을 쓰고 계시군요.

해러웨이 그리고 그 전에 있었던 심리생물학에 대해서도 쓰고 있지

---

7. [옮긴이] 『유인원, 사이보그, 그리고 여자』이 제1부, 제3장 「생물학적 기업: 성, 정신, 그리고 인간공학부터 사회생물학까지 우리가 얻은 이익」(The Biological Enterprises: Sex, Mind, and Profit from Human Engineering to Sociobiology)의 시작 부분에서 해러웨이가 도킨스와 함께 인용한 인간공학자이다.

요. 그런데 심리생물학(psychobiology)은 그 후 또 다른 자본주의의 계기가 되었습니다.

구디브 네 — 나중에는 심리약리학(psychopharmacology)의 산업 전체가 그랬지요.

해러웨이 「생물학적 기업: 성, 정신, 그리고 인간공학부터 사회생물학까지 우리가 얻은 이익」과 같은 논문은 그 후의 작업에 관한 보다 정통한 마르크스주의적 해석이지요. 여러 모로 『유인원, 사이보그, 그리고 여자』는 여러 다른 재산(property) 개념에 관한 책이었어요.

구디브 지배에 관한 책이기도 했지요. 「생물학적 기업: 성, 정신, 그리고 인간공학부터 사회생물학까지 우리가 얻은 이익」은 다음과 같이 결론을 맺고 있습니다.

그러나 자본주의 관계에 따른 자연경제의 구축과, 지배를 재생산하려는 목적을 위한 자연경제의 전용은 그 뿌리가 깊다. 자연경제는 기초 이론과 실천의 수준에 있는 것이지, 좋은 친구, 나쁜 친구의 수준에 있는 것이 아니다. … 이런 실천들이 자연의 이론화에 정보를 주는 한, 우리는 여전히 무지할 것이므로 과학의 실천에 참가해야 한다. 이것은 투쟁의 문제이다. 나는 우리 삶의 역사적 구조가 지배를 최소화할 때 생명과학이 어떻게 될지 알 지 못한다. 나는 기본 지식이 과거의 세계를 유지하는 데 참여한 것처럼, 생물학의 역사가 새로운 세계를 반영하고 번식시킬 것이라고 나를 설득하고 있음을 안다.[8]

당신은 많은 에세이들과 책을 이런 식으로, 즉 증거에 근거한 사색으로 결론 맺고 있습니다. 『유인원, 사이보그, 그리고 여자』의 큰 틀을 알기 위해, 초기 분석에서 80년대 말과 마지막 에세이 「포스트모던 몸의 생물정치학」(The Biopolitics of Postmodern Bodies)으로 옮겨 가면서, 저는 당신의 결론짓는 방식에 관심을 갖게 되었어요. 당신의 다양한 연구대상들에서 폭넓게 발전되고 있는 수사학적·정치적 분석구조에 관심이 갔기 때문이지요. 달리 말하자면, 「성, 정신, 그리고 이익」 챕터는 지배 개념 주위를 맴돌며, 지배가 없는 세계를 어떻게 생각할 수 있을까? 라는 의문으로 끝맺는 반면, 「생물정치학」 챕터에서는 "차이"가 어떻게 면역담론 속에서 적대적인 것으로 위치하게 되는가, 그리고 차이를 다르게 생각할 수 있다면 어떤 일이 일어날까? 라는 의문으로 끝맺는, 당신의 결론 맺는 방식에 관심이 갔지요.

해러웨이 네. 그것이 바로 제가 면역체계에 대해, 전쟁터로 묘사하는 냉전 수사학이 아닌 다른 것을 통해 상상하려고 노력하면서, 흑인 공상과학소설가인 옥타비아 버틀러에게 의존한 이유입니다. 면역체계를 침입자 담론으로 보지 않고, 그 대신 버틀러의 유전자 상인들 문명이 할 수 있었던 것처럼, 타자들(인간·비인간, 안과 밖)과 함께 참여할 수 있는 반침투성 자기(self)의 공유된 특성들의 담론으로 생각

---

8. 해러웨이, 1991, 68쪽. [한국어판: 민경숙 옮김, 동문선, 2002, 120~1쪽]. 이것은 또한 「상황적 지식들」의 마지막 줄이기도 하다: "설명가능성, 정치, 에코페미니즘에 대한 우리의 희망은, 우리가 대화하는 법을 배워야 하는 코드화의 사기꾼으로서 세계를 재상상하는 데 달려 있는지도 모른다." 해러웨이, 1991, 201쪽. [한국어판: 민경숙 옮김, 동문선, 2002, 360쪽].

하지 못할 이유가 어디에 있습니까? 히드라 머리를 한 오앤칼리는 자기-형성과 재형성을 중재하기 위해 비생물의 기계를 만들지 않아요. 오히려 생물 기계들의 우주 속에서 완전하게 그물처럼 얽혀 있지요. 『새벽』의 행위가 일어나는 배를 포함하여 이들 생물 기계들은 모두, 몸의 생산장치 속에서 적이 아니라 파트너들입니다.

구디브 "이 포스트모던 몸, 이 언제나 취약하고 우연한 개체성의 구성물이 반드시 자동화된 별들의 전쟁터이어야 하는가 … ?"라고 당신이 말한 것처럼, 면역 몸 담론이 해방적이거나 혹은 대안적인 어떤 것으로 변모될 수 있는 방법이 있나요?

해러웨이 정확히 있습니다.

구디브 그리고 이 두 에세이들 사이에 당신의 가장 유명한 에세이 두 편, 즉 「사이보그 선언문: 20세기 말의 과학, 기술, 그리고 사회주의적-페미니즘」(A Cyborg Manifesto: Science, Technology, and Socialist-Feminism)과 「상황적 지식들: 페미니즘에서의 과학의 문제와 부분적 시각의 특권」(Situated Knowledge: The Science Question in Feminism and the Privilege of Partial Perspective)이 있지요. 전자는 해방되지 않은 모델들을 재형상화하는 문제를 다루고 있고, 후자는 당신 글의 주요 구성요소인 상황적이라는 위치를 개괄하고 있

9. 같은 글, 220~21쪽. [한국어판: 민경숙 옮김, 동문선, 2002, 402쪽].

습니다.

해러웨이 네. 그러나 "상황적"이라는 말이 반드시 장소를 의미하는 게 아님을 이해하는 게 중요합니다. 그러므로 위치라는 표현은 잘못된 은유일 수 있지요. 가끔 사람들은 「상황적 지식」 챕터를 약간 평면적인 방식으로 읽는 것 같습니다. 단지 당신의 신분확인 표시가 무엇인지, 그리고 당신이 문자 그대로 무엇인지를 의미하는 거라고 읽지요. 이런 의미의 "상황적"은 한 장소에 있는 것만을 의미하게 됩니다. 반면 제가 강조하고 싶은 건 상황적이 상황적이라는 사실입니다. 달리 말하자면 저는 장소와 공간을 모두 망라하는 다층적인 끼여 넣기 양태에 도달하려는 거지요. 지리학자들이 장소와 공간의 특성을 그리는 방식 같은 겁니다. 또 달리 말하자면 과학적 객관성의 컨텍스트 안에서 페미니즘의 설명가능성에 대해 말할 때 이분법이 아닌 공명에 맞추어진 지식을 요구한다고 토론하는 겁니다.

질병의 위협은 건강의 주요 구성요소들 중 하나이다.

조르쥬 깡끼엠(Georges Canquilhem)

질병은 관계이다

구디브 「포스트모던 몸의 생물정치학」을 쓰신 때가 제이의 애인 밥이 아플 때였지요?

해러웨이 1986년 밥이 사망한 후에 그 에세이를 썼지만, 밥은 자신의 직장이었던 캘리포니아대학교의 버클리 도서관에서 저를 위해 연구를 일부 담당해 주었지요. 저는 1988년 1월 프린스턴의 고등학문연구소에 있을 때 그 에세이를 썼습니다.

구디브 만약 당신이 지금 그 에세이를 다시 쓴다면 내용이 달라질 거라고 생각하십니까?

해러웨이 아니요, 그렇지 않다고 생각합니다. 제 청중들이 보다 쉽게 접근할 수 있도록 어떤 특정한 수준의 수정은 할 수 있겠지요 — 즉 몇몇 내용에 대해 보다 자세히 설명할 수 있을 겁니다. 그러나 기본적으로는 똑같은 내용을 쓰게 될 겁니다. 당신도 알다시피 정치를 표현할 은유를 찾기 위해 생물학의 여러 분야에 대해 깊이 있는 조사를 하였고, 면역학이 그 큰 예가 되었으니까요. 에밀리 마틴(Emily Martin)[1] 역시 면역학에 관한 방대한 글을 썼지요.[2] 반면 에밀리와 제가 면역체계의 대중적 담론에 들어 있는 특정한 은유에 지나치게 큰 비중을 두지 않았나 하는 생각이 듭니다. 우리가 생각하는 만큼 그 은유들이 편재해 있거나 강력한 게 아닌데 말이지요.

구디브 에밀리 마틴이 쓴 내용과 당신 에세이 사이에 있는 차이점들을 어떻게 분류하시겠습니까? 저는 당신이 면역체계를 자기-인식(self-recognition) 장치라고 묘사한 후, 자기(self)와 바-자기(non-self)의 개념들을 감독하기 위한 장치라고 말했을 때 큰 충격을 받았어요.

---

1. [옮긴이] 인류학 교수. 미시간대학교 학사. 코넬대학교 인류학 Ph. D. 주된 관심사: 과학과 권력이다.
2. 추가적인 독서를 원한다면, 에밀리 마틴의 논문 「몸의 끝」(The End of the Body), 『미국 민족학자』(*American Ethnologist*) 1, 1992, 121~40쪽과 저서 『유연한 몸: 폴리오의 시대부터 AIDS의 시기까지 미국문화에 나타난 면역에 대한 추적』(*Flexible Bodies: Tracking Immunity in American Culture from the Days of Polio to the Age of AIDS*) (보스턴: 비콘 출판사, 1994)을 읽으시오.

에밀리: 에밀리는 그런 점에는 관심이 적은 것 같아요. 그러나 대답하기가 어렵네요. 제 논문 「생물정치학」은, 그녀가 논문 「몸의 끝」 (The End of the Body)이나 저서 『유연한 몸: 폴리오의 시대부터 AIDS의 시기까지 미국문화에 나타난 면역에 대한 추적』(*Flexible Bodies: Tracking Immunity in American Culture from the Days of Polio to the Age of AIDS*)을 쓰기 전에 이미 발표되었으니까요. 그러니까 그녀는 제 논문을 읽고 저와 이런 것들에 대해 대화를 나눈 후에 그 글들을 쓴 겁니다.

구디브 저는 분석을 시작하는 서두의 에피그램에서 당신이 면역체계 담론에 대해 설명한 방식에도 큰 충격을 받았어요. 비-자기(non-self)를 "동물의 구성요소들과 탐지가능하게 다른 모든 것을 망라하는 용어"라고 정의한 구절을 인용하셨지요. 그리고 이어서 "면역체계는 어떤 낯선 것에 반응하기 위해서는 어떤 특정한 방식으로 자기(self)를 인식해야 한다"고 쓰셨어요. 저는 필립 J. 힐츠(Philip J. Hilts)의 1977년 6월 17일자 『뉴욕 타임즈』(*New York Times*)지에 실린 「박테리아 감염에서 일어나는 숙주세포들의 협력을 보며」(Watching Host Cells Collaborate in Bacterial Infection)라는 논문을 갖고 있습니다. 이 논문은 당신이 토론하는 내용과 잘 들어맞습니다. 이 논문에는 몸이 아프기 위해서는 한 개의 박테리아와 "친근한 관계"를 맺어야 한다고 씌어져 있어요. 달리 말하자면 감염이 되기 위해서는, "공격을 당하는 세포들이 증진되는 박테리아들을 실제로 도와주어야 하며, 생물학자들은 이것을 실수라고 가정한다"는 거지요. 혹은 세리

오트 박사(Dr. Theriot)가 말한 것처럼 "실질적으로 모든 경우에 전염병에서 일어나는 폐해는 소위 몸의 실수"[3]라고 말하고 있습니다.

해러웨이 그 논문을 읽어보지 않았지만, 정확히 말하고 있군요. 논문 「생물정치학」에서 저는 많은 의제를 다루었어요. 그 중의 하나는, 우리가 앞서 다룬 것처럼, 면역학과 정치학 및 인문과학의 각종 담론들 속에 끼어 있는 정치 은유들을 찾아내는 겁니다. 또 다른 의제는 "하나"라고 간주되는 것에 대해 탐구하는 거지요. 즉 리차드 도킨스의 저서 『확장된 표현형』(*The Extended Phenotype*)에 들어 있는 정말로 흥미로운 경계담론들 속에서 어떻게 경계가 확립되는지 탐구하는 겁니다. 그 저서에서는 기생충의 관점에서 볼 때 숙주가 그 기생충의 표현형(phenotype)[4]의 일부입니다. 저는 그런 일종의 확장된 몸에서는 자기와 타자가 어떤 의미에서는 관점의 문제라는 주장에 관심을 갖고 있습니다. 무엇이 자기라고 간주되는지, 그리고 무엇이 타자라고 간주되는지의 문제는 관점의 문제이거나 혹은 목적의 문제입니다. 어떤 경계들이 어떤 컨텍스트 안에서 견고하겠습니까? 그러므로 기

---

3. 필립 J. 힐츠, 「박테리아 감염에서 일어나는 숙주세포들의 협력을 보며」(Watching Host Cells Collaborate in Bacterial Infection), 『뉴욕 타임즈』(*New York Times*), 1997년 6월 17일 화요일, C3.
4. [옮긴이] 생물이 나타나는 형태적·생리적 성질을 말하지만 원래는 유전자형과 상반되는 단어. 단위형질 또는 그 집합이 어떤 형식으로 발현되는가, 그 형을 가리킨다. 따라서 일정한 환경조건하에서 표현형은 생물이 갖는 유전자형으로 규정된다. 그러나 유전자형이 같은 집단 중에서 표현형이 일정하지 않은 경우도 있고, 또한 환경조건의 변화에 의해 표현형이 변화하는 경우가 있다. 따라서 표현형이 같다는 것은 유전자형이 같다는 것을 의미하지는 않는다.(『생물학사전』)

생충의 관점에서 보면 숙주는 자기자신의 일부입니다. 그리고 숙주의 관점에서 보면 기생충은 침입자처럼 보입니다. 혹은 그 『뉴욕 타임즈』지에 실린 기사의 내용처럼 숙주의 관점에서 보면 치명적인 친근한 관계가 존재합니다.

구디브 네, 그 기사에는 숙주가 감염을 받아들여야 한다고 씌어져 있습니다. 숙주가 …

해러웨이 … 협력해야 한다고요. 서로를 인식하지 못하면 감염은 일어나지 않습니다. 어떤 관계도 없는 거지요. 질병은 관계입니다.

구디브 네, 질병은 관계입니다. 당신은 면역체계, 즉 이 "호기심 많은 몸의 대상"이 이런 여러 다른 장소에 어떻게 존재하는지 펼쳐 보였습니다. 인용하자면, "배아의 삶부터 성인기까지 면역체계는 흉선·골수·비장·림프절들을 포함한 상대적으로 무정형의 여러 조직과 기관들 속에 위치해 있지만, 그 세포들의 상당부분은 혈액 및 림프 순환계와 몸 분비액과 빈 공간들 속에 들어 있다."[5] 그리고 나서 두 개의 면역 세포 계통[림프구(lymphocytes)와 단핵식세포(mononuclear phagocytes)]에 대해 설명하고, 면역체계가 의사소통하는 전 체계들에 대해 설명하는데, 당신의 설명은 "이런 분자들은 면역체계의 구성요소들 사이의 의사소통을 중재하지만, 또한 면역체계와 신경체계

---

5. 해러웨이, 1991, 217쪽. [한국어판: 민경숙 옮김, 동문선, 2002, 395쪽].

및 내분비체계 사이의 의사소통도 중재하며, 그럼으로써 몸의 복수적인 통제 및 조정 소재지들과 기능들을 연결한다. 높은 비율의 체세포 변형과, 완료된 표면 수용체들과 항체들을 만들기 위한 높은 비율의 유전자 산물 스플라이싱과 재정렬을 갖고 있는 면역체계 세포들을 다루는 유전학은 '하나'의 몸 안에 있는 일정한 게놈이라는 개념을 비웃는다."[6]라는 부분에서 절정을 이루지요. 이 부분에서 저는 인간 게놈 프로젝트에 대한 당신의 비판을 이해하게 되었어요. 그 프로젝트가 얼마나 환원적이고, 유전자의 전체적인 변하기 쉬운 성질(mutability)을 얼마나 잘못 기술(記術)하고 있는지 이해하게 되었습니다.

해러웨이 달리 말하자면, 게놈 프로젝트가 내놓은 설명들이 그런 성질을 얼마나 잘못 기술하고 있는지 이해시키지요. 게놈 프로젝트의 설명들이 자신들이 하는 일을 잘못 기술하고 있다고 해서 반드시 게놈 프로젝트가 그 성질을 잘못 기술하는 건 아닙니다. 게놈 프로젝트 과학자들과 데이터베이스 기획자들은 변화성(variability)에 지극히 관심이 많으니까요.

구디브 그들이 변화성에 대해 설명하면서 어떻게 동시에 데이터베이스를 구성할 수 있을까요?

---

6. 해러웨이, 1991, 218쪽. [한국어판: 민경숙 옮김, 동문선, 2002, 397쪽].

해러웨이　기술(技術)적인 문제이자 금전적인 문제이지만, 변화하기 쉬운 유전자 순서를 다루기 위한 데이터베이스 프로토콜을 기획하는 일은 그 프로젝트의 핵심부분입니다.

구디브　인식론적 문제이기도 한 것 같군요.

해러웨이　그 문제는 소프트웨어의 디자인 수준에 있습니다. 당신은 어떤 것들을 다른 것들과 비교할 수 있도록 데이터를 저장하기 위해, 실제로 어떻게 소프트웨어를 만듭니까? 어떤 특정한 지역에 그 지역의 모든 변형들을 저장하고, 그런 다음 그보다 더 흥미로운 변형들을 찾을 수 있도록 말입니다. 그러므로 게놈 프로젝트는 단순한 기준을 만드는 일이 절대로 아닙니다. 무엇보다도 하이퍼텍스트 지도를 만드는 일이지요.

구디브　당시 저는 잘못 이해하고 있었어요.

해러웨이　게놈 프로젝트를 인간 표준 사업이라고 소개했기 때문에 그렇게 된 거지요. 이데올로기상으로는 그것이 사실일 수도 있습니다. 의심할 여지없이 그런 종류의 강력한 이데올로기 담론이 있습니다. 이것은 또한 당신이 실천을 바라보기 시작할 수 있는 또 다른 방식이기도 하지요. 이런 기술적(記術的) 실천은 게놈 프로젝트라는 퍼즐 게임의 한 조각에 불과합니다. 네, 게놈 프로젝트에서는 인간 변화성에 관해서 꼭 해야 할 양의 표본추출(sampling)에 비해 지나치게 적은 양의 표본추출이 진행되고 있어요. 그런 변화성을 얻으려는 노력이 표본추출되고 있는 특정한 인구집단의 저항을 포함한 여러 요인들에 의해 축소되었지요. 그 저항은 제 판단으로는 상당히 근거 있는 이유들뿐 아니라 그다지 근거 없는 이유들 때문에 존재합니다. 게놈 프로젝트 작업을 하는 사람들은 이런 데이터베이스 만들기, 이런 유전자 지도 추적하기, 즉 이런 순서도(sequence map) 추적하기를 풍요로운 변화성에 도달하기 위한 노력이라고 이해합니다. 그렇지만 연구되고 있는 종들이 너무 적고, 그리고 그 비용 또한 엄청나지요.

구디브 정말로 불가능한 작업이군요.

해러웨이 네, 그것은 철저한 목록 만들기의 문제입니다. 즉 충실함과 완전함이라는 환상의 문제이지요. 그렇지만 저는 이런 것들의 신화적 차원에 끊임없는 관심을 갖고 있어요. 우리는 신화적인 것과 이데올로기적인 것이 같은 게 아님을 기억해야 합니다. 환상적인 것, 신화적인 것, 이데올로기적인 것 등 이 세 개를 다른 상상적 관계의 등록으로 유지하는 게 중요합니다. 환상적인 것은 개별적으로 일어날 뿐 아니라 문화 속에서 벌어지는 정신역학 과정들과 관련이 있어야 합니다. 이데올로기적인 것은 이데올로기에 대한 마르크스주의적 의미와 관련이 있어야 하며, 사회적 이해관계의 재현 및 잘못된 재현 같은 사상들을 추종합니다. 적어도 이 말은 이데올로기에 대한 올바른 정의이지요. 그리고 신화적인 것은, 서사 및 이야기하는 실천과 그 안에 들어 있는 설화들 속에 들어 있는 깊은 함의들과 연관이 있어야 합니다. 그러므로 이 세 개는 서로 연관이 있지만 상대방의 상태로 환원될 수 없어요. 이들은 다른 종류의 의미작업을 합니다. 그리고 게놈 프로젝트에서는 이 세 개의 등록이 모두 진행되고 있어요. 물론 분자생물학의 실천과 관련된 다양한 과학기술적·도구적 등록도 진행되고 있고요.

구디브 「생물정치학」이 다음 저서인 『겸손한_목격자』로 어떻게 도약하게 되었는지 잘 알게 되는군요.

해러웨이 맞습니다. 그러나 「생물정치학」에서 제가 한 주장과 관련하여 사람들이 경쟁, 전쟁, 적의 같은 응당 사고해야 할 것들을 제가 부정하고 있다고 생각하지 않기를 바랍니다. 전혀 그렇지 않아요. 그 에세이는 그 어려운 문제들을 순화시키고 있는 게 아니라, 오히려 편시야적이고 외골수적인 단-문장식 진실들로 환원되지 않는 관계성의 상상력(imagination of relationality)을 주장하는 겁니다.

구디브 이 점에서 저는 또 다시 하이데거와의 관련성을 보게 되는군요. 하이데거는 이런 것을 "존재"(BEING)라고 묘사하면서 동시에 그에 대한 새로운 언어와 이해를 만들어 내려고 노력했지요. 당신은 인식론이나 존재론에 대해 작업하고 있다고 말씀하시겠습니까 혹은 그 두 개 모두에 대해 작업하고 있다고 말씀하시겠습니까? 저는 당신이 어떤 때에는 인식론에 대해(「상황적 지식」, 「테디 베어 가부장제」

(Teddy Bear Patriarchy)), 그리고 어떤 때에는 급진적 존재론에 대해 말하는 걸 봅니다(「사이보그 선언문」, 「포스트모던 몸의 생물정치학」). 그렇지만 이 모든 예들은 또한 그런 카테고리의 붕괴를 다루고 있어요.

해러웨이 그 두 개가 혼합되어 있다고 생각해요. 포스트구조주의가 한 일 중 하나는 담론들로서의 인식론과 존재론의 분리를 문제 삼은 거지요. 저는 그 붕괴를 물려받았습니다.

제4장

그리고 나서 근대 남 호주의 흰개미 후장(後腸, hindgut)에 있는 믹소트리카 파라독사(*Mixotricha paradoxa*)[1], 즉 역설적으로 얽혀 있는 미시적 "머리털"(trichos) 조각이라 명명된 생물체의 존재가 제시하는 텍스트를 생각해 보라. 이 작은 가는 실 같은 생물은 유전적 투자를 보호하기 위해 경계가 있는, 방어되는, 단 하나의 자기라는 개념을 조롱한다.

다나 J. 해러웨이

은유 이상의 것이다

.

구디브 문화 비평가로서의 당신의 방법론에 관해 설명해 주셨으면 합니다. 제가 유독 관심이 가는 점은 분자 및 발생 생물학자로서 당신이 받은 교육이 저술 주제들뿐 아니라 방법론에 어떤 영향을 미쳤는가 하는 점입니다.

---

1. [옮긴이] 역설적으로 얽혀 있는 머리털. 한 개의 흰개미집에는 일조의 박테리아와 천만의 원생생물에 이르는 미생물들이 살고 있다. 흰개미의 후장에 있는 미생물 서식지는 그 흰개미가 소비한 목재를 소화시키는 것을 돕는다. 이 후장의 미생물 서식지에는 믹소트리카라는 작은 원생동물이 살고 있는데, 이것은 실제로는 개체군의 조합이다. 즉 한 개의 핵세포, 두 종류의 스피로헤타 박테리아, 표면 위의 간세포 박테리아, 내부 박테리아 등으로 구성되어 있다. 믹소트리카는 새로운 '개체'로 출현하는 과정중에 있다.

해러웨이 "방법론" 같은 단어는 당신도 알다시피 제게 매우 두려운 단어예요! "방법론"보다 여러 해에 걸쳐 더욱 더 의식하게 된 명백한 작업방법이라고 말하는 게 더 좋지요. 물론 제가 받은 생물학 교육 ─ 분자·세포·발달 생물학 교육 ─ 은 제게 중요해요. 그 교육 덕분에 생물학적 존재들과 생물학적 관계 그물망에 경계를 늦추지 않게 되고, 그들에게서 엄청난 즐거움도 얻으니까요. 저는 세포와 염색체의 내부 체계에 홀딱 반해 있어요. 제가 자주 생물학적 은유로 사고한다는 사실에는 의심할 여지가 없지요.

구디브 당신의 글을 쓰는 방법에는 일종의 생물학주의(biologism)가 있어요. 당신은 어떤 것 ─ 지식이나 문화 대상 ─ 을 택한 다음, 그 내부로 깊숙이 들어가요. 그 구조가 무엇인지 알기 위해 더 깊이 나아갑니다. 그리고 나서 그런 분석에서 발견한 의미의 그물망이 무엇이든 간에 또 그 내부로 들어가지요. 당신은 글쓰기를 할 때 시각적 은유도 많이 사용합니다. 당신의 방법은 현미경으로 확대해 보는 효과를 갖고 있어요. 물론 큰 그림을 잊으시지는 않지만요.

해러웨이 저는 배율 바꾸기를 아주 좋아해요. 생물학 세계가 여러 다른 배율에서 그리고 여러 다른 배율에 대해 사고하도록 유도한다고 생각하지요. 생물학 세계는 또한 매우 기이한 생물학적 체계와 기제에서 발전된 상상력과 존재들로 가득 차 있어요. 생물학은 고갈될 수 없는 전의(轉義)의 원천이에요. 생물학은 물론 은유로 가득 차 있으나 은유 이상의 것이지요.

구디브　당신은 전에도 그런 어귀를 사용한 적이 있어요. "은유 이상의 것이다"라는 게 무슨 뜻입니까?

해러웨이　생물학에서 발견되는 생리학적·담론적 은유들뿐 아니라, 설화들도 의미하는 겁니다. 예를 들어 모든 다양하고 아이러니컬하며 거의 우스꽝스러운 부조화(incongrities)를 의미하지요. 단순한 교활함과 복잡성 모두를 의미합니다. 생물학은 어떤 다른 걸 밝혀주는 은유일 뿐 아니라, 문자로 되어 있지 않은(비문자의) 세계에 도달할 수 있는 고갈되지 않는 원천이에요. 또한 저는 사실과 허구, 물질성과 기호성, 대상과 전의 등의 동시성에도 주목하기를 원하지요.

구디브　당신은 이런 문자로 된 생물학적 실재물들이 "생명," 즉 생물학적·존재론적 체계들을 이해시키는 매우 강력한 은유라고 말하시는군요. 저는 『사이보그 핸드북』(*The Cyborg Handbook*)의 「사이보그와 공생체: 신천지 질서 속에서 함께 살기」(Cyborgs and Symbionts: Living Together in the New World Order)[2]에 들어 있는 미생물 믹소트리카 파라독사에 관한 당신의 토론에 대해 생각하고 있어요.

해러웨이　네. 저는 믹소트리카 파라독사라는 실재물을 이용하여 개체성과 집합성에 대해 동시에 의문을 제기합니다. 그 생물체는 남 호주

---

2. 다나 J. 해러웨이, 『사이보그 핸드북』(*The Cyborg Handbook*) 서문, 크리스 헤이블즈 그레이(Chris Hables Gray) 편, (뉴욕: 러틀리지, 1995), xviii쪽.

흰개미의 후장에 살고 있는 아주 작은 단세포 유기체이지요. 무엇을 "그 생물체"로 간주할 것이냐 하는 문제는 복잡합니다. 왜냐하면 그 생물체는 다섯 개의 다른 종류의 실재물들과 절대 공생관계(obligatory symbiosis) 속에서 살고 있기 때문이에요. 각 종류의 실재물은 분류학적 이름을 갖고 있고, 박테리아와 밀접하게 연관되어 있어요. 박테리아는 세포핵을 갖고 있지 않기 때문이지요. 박테리아는 핵산(nucleic acid)을 갖고 있고, DNA를 갖고 있으나, 핵으로 조직되지는 못했어요. 이런 다섯 개의 다른 종류의 물체들은 각각 그 세포의 안에 살고 있거나 그 세포의 다른 영역 위에 살고 있지요. 예를 들어, 한 종류는 세포막의 외부표피 위에 있는 감합(interdigitations)[3]에 살고 있어요. 그러므로 어떤 것들은 세포막의 습벽(褶襞) 속에 살고 있고, 어떤 것들은 그 세포 안에 살고 있지요. 그러나 그것들은 완전한 의미에서 그 세포의 일부는 아니에요. 반면, 그들은 절대 공생관계 속에서 살고 있어요. 거기에서는 어떤 것도 독립적으로 살 수 없어요. 이 관계가 바로 문자 그대로의 공의존(共依存, codependency) 관계이지요! 그러므로 문제는 그것이 하나의 실재물이냐 혹은 여섯 개의 실재물이냐 하는 겁니다. 그러나 여섯 개라는 답은 옳지 않아요. 한 개의 핵을 지닌 세포마다 다섯 종류의 핵이 없는 실재물들이 백만 개가량 있으니까요. 수많은 복사판들이 있는 거지요. 그러므로 하나는 언제 두 개가 되기로 결정하는가? 이 집합체 전체가 언제 분

---

3. [옮긴이] 세포상호의 접착에 의의를 갖는다고 생각되는 구조의 하나로, 인접세포가 서로 상대측 세포 속으로 세포질의 돌기가 뻗어나간, 말하자면 얽혀 있는 상태를 말한다.(『생물학사전』)

열되어 두 개가 되는가? 무엇을 믹소트리카라고 생각해야 하나? 단지 핵이 있는 세포인가? 아니면 집합체 전체인가? 이것은 하나와 여럿에 관한 우리의 개념들에 의문을 제기하는 실제 물체이자 매우 멋진 은유임이 분명합니다.

구디브 그것은 또한 일종의 다차원적 시간성을 갖고 있는 듯이 보이는군요. 즉 그것이 처음에 어떤 상태로 발견되었는지 그리고 그것이 발견되었을 때 어떻게 보였는지, 즉 어떤 형태를 띤 것이 발견되었는지를 말하는 겁니다. 그 존재의 어떤 순간에 발견되었는지? 그리고 연구자들이 어떻게 그 복잡성을 모두 발견해냈고, 그러면서도 어떻게 그것을 여러 다른 일련의 실재물이 아닌 하나의 완전체라고 생각했는지를 말하는 거지요. 저는 생물학에 대해 많이 알지 못하지만, 제 느낌은 파라독사씨와 같은 많은 종류의 물체들이 존재한다는 겁니다.

해러웨이 맞습니다. 엄청난 숫자의 예가 있지요. 생물학은 끝없는 자원입니다. 그래서 저는 언제나 정신분석학보다 생물학을 더 좋아했어요. 우리의 역사적·심리적·정치적 존재의 일부에 도달하는 듯이 보이는 설화들을 지어낼 수 있는 훨씬 더 많은 가능성들을 생물학이 토해 내니까요. 정신분석학은 사물들을 너무 일찍 고정시킵니다. 그것은 진리의 일부일 수 있으나 가장 흥미롭지는 못해요. 또한 나는 믹소트리카 파라독사라는 이름이 그냥 좋아요!

구디브 믹소트리카가 무슨 뜻입니까?

해러웨이 '섞여 있는 실'이라는 뜻이지요.

구디브 매우 멋지군요. 그리고 믹소트리카는 사이보그, 영장류, 앙코마우스™처럼 경계적 피조물이군요?

해러웨이 맞습니다, 그러나 당신은 사이보그와 그 유전학적으로 만들어진 피조물(앙코마우스™)의 경우에는 산업적인 인공물, 즉 인간이 만든 구조물에 대해 생각해야 합니다. 그러나 믹소트리카의 경우에는 그렇지 않아요. 물론 그것을 보기 위해서는 실험 과정들과의 친근한 관계가 필요하지만요. 호주의 식민학문뿐 아니라 실험실 기계, 비행기 여행, 동물학 및 분류학의 전체 역사를 포함하는 기술과학적(technoscientific) 관계들이 우리와 파라독사씨와의 관계를 만듭니다.

구디브 이본 레이너(Yvonne Rainer)[4] 같은 실험적인 서사가들(narrativists)과 예술가들이 똑같은 이유 때문에 그렇듯이, 당신도 독자들이 당신 저작을 환원적으로 읽는 일을 자주 겪지요. 어떤 사람들은 당신이 파라독사씨를 사용하기 때문에 생기는 그런 종류의 복잡성

---

4. 댄서, 안무가, 예술가, 작가, 영화제작자이다. 〈살인과 살인〉(*MURDER and murder*, 1997)이 그녀의 가장 최근의 영화이다. 그녀의 작품에 관한 토론에 대해 알려면 「레이너 영화를 논하다」(Rainer Talking Pictures), 『미국의 예술』(*Art in America*)지, 1997년 7월호를 참조하시오.

에 참여하기를 거부해요. 저는 파라독사씨로 당신 이론 속에 있는 거의 실험적이거나 아방가르드적이고(구식 용어를 사용하자면), 반계보적이며 반목적론적인 미학, 즉 레이너의 미학 같은 걸 연상해요. 당신처럼 그녀도 복잡한 관계적-연상적 미학을 통해, 인종, 젠더, 성욕, 욕구에 대한 분석들을 꾸준히 구축하고 있지요. 그런 미학은 사람들에게 아무 때나 영화를 멈추고, 이것은 이본 레이너가 한 말이야라고 말하도록 요구하지 않아요. 그것은 당신의 작업도 마찬가지이지요. 동감을 느끼며 읽혀지지 않을 경우, 당신의 저술은 과학에 관한 반물질주의적이며, 하이테크 애호가의(technophilic) — 혹은 최신기술에 두려움을 느끼는(technophobic) — 사회구성주의적인 견해로 변질됩니다. 그런 글읽기는 섬세함과 함께 작업할 수 없는 무능력을 나타내지요.

해러웨이 그것은 일종의 문자 성향이라고 말할 수 있어요. 그래서 비유들이 그렇게 저에게 중요한 겁니다. 비유들은, 언어 속에서 진정한 즐거움을 주는 많은 예들은 말할 필요 없이, 즉각적으로 복잡하며 비문자적이기 때문이에요. "당신이 DNA를 믿는다고!!?!"라고 말하는 사람들의 도시의 전설을 순환시키는 일 같은, 실제 존재하지 않는 입장들을 비평가들이 만들어낼 때, 이상한 문자주의(literalism)가 등장해요. 얼마나 단순합니까! 이것은 슬프고 충격적이지요. 과학의 문화연구에 관한 많은 진지한 작업들을 활성화시키는, 언어와 몸들 안에 들어 있는 모든 즐거움을 앗아가니까요.5

구디브 문자로 된 것 혹은 구체적인 것 속에서 비유적인 것을 찾는 일은 당신에게 매우 중요합니다. 최근 저서, 『겸손한_목격자@제2의_천년.여성인간ⓒ_앙코마우스™를_만나다』(*Modest_Witness@Second _Millenium.FemaleManⓒ_Meets_OncoMouse™*)에서 당신은 비유 작업에 관한 토론에 많은 시간을 할애하지요. 생물공학 담론뿐 아니라 유전자 자체의 "육체"(flesh)에 대해서도 토론하고 있어요. 저는 "육체"가 당신에게 항상 중요했다는 데에도 관심이 있습니다. "육체"는 당신이 분자 및 발생 생물학자로서 받은 교육을 통해서 중요했을 뿐 아니라, 젠더·인종·종(種)의 "육체"에 관한 깊은 관심 속에서 중요해졌지요. "육체"는 물질적 실재가 의미작용을 하는 방식이나, 혹은 당신이 표현한 대로 물리적으로 "전의적인" 방식을 보여주는 제유(提喩) 역할을 하지요.

해러웨이 저는 최우선적으로 말들(words)이 제게 강력하게 물리적이라고 말하겠어요. 말과 언어가 사상보다는 육체와 더 밀접한 관계를 맺는다고 생각하니까요.

구디브 롤랑 바르트는 "언어는 피부다: 나는 내 언어를 다른 언어와 문지른다. 그것은 마치 내게 손가락 대신 말들이 있는 것이 아니라, 내 말들 끝에 손가락이 있는 것과 같다"[6]라는 위대한 말을 하였지요.

---

5. 바바라 에렌라이히(Barbara Ehrenreich)와 자넷 매킨토시(Janet Macintosh)의 「공격받고 있는 생물학」(Biology Under Attack), 『네이션』(*The Nation*)지, 제264권, #22, 6월 9일, 1997, 11~6쪽을 참조하시오.

마찬가지로 당신도 언어가 가진 육체적이고 은유적인 육감(肉感, juiciness)에 의존하시는군요.

해러웨이 저는 언어를 강력하게 물리적인 과정으로 경험하기 때문에 은유를 통해 사고하지 않을 수 없어요. 이 문제는 은유와 함께 혹은 은유를 통해 작업할 것을 선택하는 문제처럼 보이지 않아요. 이 문제는 기호현상(semiosis)이라는 이런 꾸준히 빗나가는, 강력하게 물리적인 과정들 내부에서 제 자신을 경험하는 문제예요. 생화학과 언어는 제게 다르게 느껴지지 않아요. 이런 것에는 가톨릭 차원도 들어 있어요. 저는 가톨릭 상징주의와 성찬중시주의 — 체현(incarnation)과 성(聖)변화(transubstantiation) 학설들 — 에 대한 깊은 믿음 속에서 성장하였으므로, 이에 대한 제 사상 역시 매우 강력하게 물리적이었지요. 가톨릭 생활의 끊임없는 상징화는 물리적 세계에 단순히 첨부된 게 아니라, 물리적 세계 바로 그것입니다. 미국 남서부의 종교예술, 멕시코인들, 라틴계 사람들, 멕시코계 미국인들의 예술을 보세요. 당신은 그런 강력한 예들을 보게 될 겁니다. 그런 예술을 보다 금욕적인 프로테스탄트 예술과 대조해 보고, 그리고 나서 멕시코시티의 교회 내부를 상상해 보세요. 저는 콜로라도 주의 덴버에서 성장하였지만, 멕시코시티의 예술 세계 안에서 성장했어요. 덴버는 아일랜드 가톨릭 풍경을 갖고 있었지만, 라틴 문화전통만큼 풍요로운 곳은 없지요. 저는 기호와 육체에 관한 개념들이 함께 깊이 연결되어있는 정

---

6. 롤랑 바르트, 『애인의 담론』(*A Lover's Discourse*)(뉴욕; 힐과 왕, 1978. ⓒ 1977), 73쪽.

교한 상징적 · 비유적 서사 세계 내부에서 성장했어요. 저는 네 살 때에 이런 식으로 세계를 이해했지요.

구디브　육체에 대해 정의해 주시겠습니까?

해러웨이　저는 본능적으로 언제나 똑같은 일을 합니다. 물질성과 기호현상의 접촉점을 주장하는 거지요. 유전자가 물체가 아니듯이, 육체도 물체가 아닙니다. 그러나 육체에 관한 물질화된 기호현상이 언제나 친근함, 몸, 피흘림, 고통, 육감 등의 분위기들을 포함하지요. 육체는 어쨌든 언제나 젖어있어요. 상처받기 쉬운 성질과 통증을 이해하지 않고 사람들이 육체라는 말을 사용할 수 없다는 것도 분명하지요.

구디브　제가 1985년판 「사이보그들을 위한 선언문」에서 끄집어낸 글을 보면, 당신은, "왜 우리의 몸은 피부에서 끝나거나 혹은 기껏해야 피부로 둘러싸인 다른 존재들을 포함해야 합니까?"라고 말씀하셨지요.

해러웨이　만들어진 물체들뿐 아니라 다른 유기체들도 그렇지요. 우리와 함께 얽혀 있는 엄청난 종류의 비인간들이 있어요.

구디브　우리의 육체가 인공물적인 육체로도 구성되어 있다는 말씀이지요. 저는 당신이 우리를 자리매김하기 위해, 『겸손한_목격자@제2의_천년.여성인간ⓒ_앙코마우스™를_만나다』(*Modest_Witness@*

Second_Millenium.FemaleMan©_Meets_OncoMouse™)에서 "@," "©," "™" 같은 기호통합론적(syntactical) 부호들을 사용하는 것에 대해 생각하고 있어요. 그것은 당신의 제목이 새로운 종류의 구문론과 비유 작업을 성공적으로 창조하고 있다는 걸 보여주는 예이지요. "*Modest_Witness@Second_Millenium.FemaleMan©_Meets_OncoMouse™*"라는 제목은 그 나름대로 기술문화적인(technocultural) 시입니다. 당신은 그 제목에 쓰인 말과 기호통합론적 부호들을 통해 시각화·이론화하고 있으며, 우리를 20세기 후반부의 역사 속에 위치시키고 있어요. 이런 부호들이 새로운 브랜드이기 때문에 그런 일은 아주 멋지지요.

해러웨이 브랜드가 육체로 구워진 소유권의 유형과 표시라는 이중의 의미를 갖고 있을 때 더욱 그렇지요.

구디브 20세기 후반부와 모더니티의 초기 순간들과의 체질적 차이를 표시하기 위해 포스트모더니즘이란 단어나 어떤 다른 종류의 모더니티 범주를 사용하기보다, "나는 물체들을 그물 속에 위치시키기 위해 독자에게 비밀번호는 못 준다 하더라도 이메일 주소는 부여하겠다"[7] 라고 당신은 쓰셨어요. 이메일은 현재 거의 모든 사람에게 친숙하지요. 이메일은 일상생활에서 우리들에게 중요한 위치이며, 20세기 말

---

7. 다나 J. 해러웨이, *Modest_Witness@Second_Millenium.FemaleMan©_Meets_OncoMouse™* (뉴욕: 러틀리지, 1997), 43쪽.

기술문화의 특별한 의사소통 양식을 의미하니까요. "@"은 포스트모더니즘이라는 용어에 관한 매우 곤란한 학술적 논쟁에 또 다시 끼어들 필요 없이, 포스트모더니즘의 기조인 복잡한 관계 그물망(경제적, 존재론적, 사회적, 역사적, 과학기술적) 전체를 실증하지요.

해러웨이 그것은 또한 농담이기도 했어요.

구디브 네 유머였지요, 유머는 아이러니만큼 당신의 이론 스타일에 매우 중요합니다. 1991년 캘리포니아 주의 오클랜드에서 개발된 유전자 이식 토마토피시의 반-냉동 결합[8]에 관한 당신의 설명을 들으며 어떻게 우리가 웃지 않을 수 있겠어요? 포스트모더니즘의 화제를 꺼낸 후 내내 저는 모더니티에 대한 당신의 정의를 듣고 싶었습니다.

해러웨이 모더니티에 대한 저의 정의는 그 시대가 씨앗과 유전자들의 강화된 수송 시기였다는 겁니다. 예를 들어 첫 번째 거대한 산업 체계라는 발명품 — 플랜테이션 농업(이것은 제 생각이 아니라 다른 사람의 생각입니다) — 을 보세요. 그리고 식민 농업의 여러 목적을 위해 남성노동을 이주시킨 곳의 집단들을 먹이기 위해 개체군들, 식

---

8. "제초제-내성 농작물은 아마도 활성 식물 유전자 공학의 가장 거대한 영역일 겁니다. 제 자신도 그런 매력적인 새로운 존재들에 크게 이끌렸으니까요. 예를 들어 냉동을 늦추는 단백질의 유전번호를 갖고 있는 찬 바다 밑에 사는 넙치의 유전자를 이식한 토마토와, 질병의 내성을 증가시키는 거대한 비단 나방의 유전자를 이식한 감자 같은 것 말이지요. 캘리포니아 주의 오클랜드에 있는 DNA 식물 테크놀로지가 1991년 그 토마토피시 반-냉동 결합의 시험에 착수했지요." 해러웨이, 1997, 88쪽.

물들, 설탕, 카사바(kasava)9 등을 전체적으로 재배치한 과정을 추적해 보세요. 당신도 마찬가지로 모더니티의 역사를 유전자들의 수송의 역사로 만들 수 있을 겁니다. 실제로 당신은 제가 『겸손한_목격자』에서 언급한 기술과학적인 각 줄기세포들 ─ 두뇌, 칩, 유전자, 태아, 폭탄, 인종, 데이터베이스, 그리고 생태계 ─ 을 가져다가, 모더니티의 역사를 만들 수 있습니다.

---

9. [옮긴이] 체코의 농업 협동 사회를 일컫는 것이 아닌가 사료된다. 이 농업 협동 사회는 요즘에는 체코의 전통 민속문화를 보여주는 그룹으로 활약하고 있다.

나는, 전의가 없는 말, 문자세계, 자기목적적인 실재물로서의 유전자 등등 이런 것들 특유의 물신주의에 관심이 있다.

다나 J. 해러웨이

유전자는 물체가 아니다

구디브 지금이 대중의 상상력에 제시된 모습 그대로의 유전자에 관해 이야기하기에 좋은 때인 것 같군요.

해러웨이 첫 번째로 해야 할 말은 유전자가 항상 물체로 기술(記術)된다 ― 혹은 물체로 잘못 기술된다 ― 는 겁니다.

구디브 단지 물체로서가 아니라 원시-물체(ur-thing)로 기술되지요. 저는 실제로 『뉴욕 타임즈』지에 실린 한 예를 갖고 있어요. 이 기사

는 우연히도 당신을 만나기 위해 뉴욕을 출발한 날 발행된 신문에 실려 있었어요.[1]

해러웨이 (기사를 보며) 오, 이것은 새로움을 찾는 유전자에 관한 글이군요. 그 유전자는 도파민과 관련이 있고, 우리에게 작은 수용체가 있다는 것도 알고 있지요.(그림을 보며) 우리에게는 "신경 종말부에서 도파민의 방출"이 일어나는 곳을 가리키는 화살표까지 있어요. 그런데 이 기사는 그 유전자를 뭐라고 불렀나요? "경탄할 만한 유전자"("The Gee-Whiz gene")라고요? 오, 세상에, 그래요, 맞아요.

구디브 이 새로움을 찾는 유전자를 갖고 태어난 아기는 더 민첩하고 탐험을 좋아한다고 해요. 이 아기들은 자라서 등산을 하고, 자동차 경주를 즐기고, 자극을 추구하게 되지요.

해러웨이 빠른 유모차 차선을 달리는 삶이군요.

구디브 맞습니다. 이 기사에서 제가 좋아하는 구절은 "새로움을 찾는 유전자를 갖고 있지만 소위 신경과민 유전자 — 일부 사람들은 이 유전자가 근심과 위험-회피에 영향을 미친다고 믿고 있다 — 가 부족한 아기들이 훨씬 더 강한 새로움을 찾는 행동을 보였다. …" 입니다. 달

---

1. 제인 E 앨런, 「꼬마 스릴-추구자들? 경탄할 만한 유전자」(Tot Thrill-Seekers? THE GEE-WHIZ GENE), 『뉴욕 타임즈, 과학 토요일』, 1998년 5월 30일 토요일, 20쪽.

리 말하자면 한 사람이 새로움을 찾는 유전자를 갖고 태어났으면 반드시 신경과민 유전자도 갖고 있어야 한다는 거지요. 그렇지 않으면 "당신은 보잉기를 조종하거나 그레이하운드 버스를 운전하는, 낮은 신경과민과 수퍼 호기심이 짝을 이룬 누군가와 함께 있기를 원하지 않을 지도 모릅니다."

해러웨이 그래서 당신의 호기심을 식히기 위해 근심 유전자가 필요하다고요!

구디브 네. 신경과민 유전자를 갖고 있어야 건강합니다. 그렇지 않으면 당신은 무모하게 자극을 추구하게 되지요.

해러웨이 저는 이런 연구가 "성격 특징을 탐지하고, 아이들의 심리발달 지도를 도우며, 진로 선택을 조종하는 데 사용될 수 있다는 걸" 압니다. 그런데 이런 것이 과학 행세를 하다니요! 저는 스와스모어에서 발달생물학자이자 생물학사가로 일하는 친구인 스캇 길버트(Scott Gilbert)에게, 유전학자들이 상대주의적이라고 간주되는 포스트모던 내용을 다룰 때, 과학에 대한 이런 잘못된 기술에 대해 분노하지 않는 이유가 무엇인지 물었어요. 그도 확실하게 알지 못했어요. 제가 아는 것은 이런 초유전적(hypergenetic) 이데올로기들 — 만사를 유전자로 해석하는 사고 — 이 매우 파괴적이라는 사실이에요. 사람들은 이런 식으로 자기 아이들의 삶에 대한 신념을 만들게 되지요. 이를 테면 한 아이가 하나의 문제를 겪게 되면 부모들은 갑자기 그것이 유전적 정신질병이라고 생각하게 된다는 겁니다. 우리는 현재 그런 것들을 해명하는 최우선적인 설명이 유전학적인 설명인 때에 살고 있어요. 제가 여기에서 느끼는 문제는 질병의 유전적 뿌리를 이해하는 문제가 아니에요. 오히려 과학 탐구가 왜곡되고 있다는 문제이지요. 저는 많은 생물학자들이 이것을 알고 있고 싫어한다고 생각해요. 그러나 유전자 연구에 대한 거대한 대중적 존경과 매력이 있고, 유전자 연구를 하려는 많은 좋은 사람들과 많은 돈과 많은 권위가 있으며, 그러한 단순화가 자금 모으는 일을 더 수월하게 만들고 있어요. 생물공학이 동시대의 사업 및 자본 투자의 주요 분야라는 데 의심의 여지는 없지요. 생물공학은 건강산업, 의약, 농업관련 산업을 포함한 가장 강력한 산업들과 연결되어 있어요. 모든 것이 분자생물학과 유전학 기술에 깊이 의존하고 있어요. 당신이 농업, 의학, 육류 생산을 포함한 식품생산을 선택하면, 유전학 기술에 깊이 의존하게 되고, 미래에는 더욱 더 크게 의존하게 되리라는 매우 중요한 재정적 이해관계를 갖게 되지요.

구디브 그러므로 대중의 상상력이 유전자들을 "물체"라고 생각하면 할수록, 이런 산업들이 그런 연구와 투자를 계속 후원하기가 더 쉬워진다는 거지요?

해러웨이 네. 그것이 바로 제가 유전자 물신주의라고 부르는 겁니다. 유전자 물신주의는, 호박 덩어리 속에 보존된 선사시대의 DNA로부터 공룡을 재구성하면서 〈쥐라기 공원〉(*Jurassic Park*)이 집약적으로 보여준, 신화와 서사로 가득 찬 유전학 기술과 무비판적 관계에 있어요. 유전자를 청사진으로 간주하며 유전자가 모든 것을 만드는, 유전자에 대한 이런 종류의 완전한 물신화는 나쁜 생물학입니다.

구디브 생물학이 "생명과학"이라고도 묘사되므로, 당신이 『겸손한_목격자』에서 사용한 "생명"과, 새러 프랭클린(Sarah Franklin)[2]의 용어인 "생명 그 자체"[3]와의 차이점에 관해 토론해 주시겠습니까? 당신은 발생적·유기론적 시간성인 "생명"과, 의사소통 증진 및 의사소통 체계 재-디자인 속에 깊이 새겨져 있는 시간성인 "생명 그 자체"를 구별합니다. 이들의 차이점이 무엇입니까?

해러웨이 푸코의 "생명 그 자체"의 발생에 관한 개념에서 시작되어, 새러 프랭클린이 대장 분자(master molecule) 유전자 담론의 컨텍스트 안에서 다시 끄집어낸 개념까지, 그리고 제가 새러에게서 그 개념을 다시 끄집어내어 푸코와 프랭클린의 겹겹의 의미들을 모두 이용하며 거기에 제 의미까지 덧붙인 개념까지, 일종의 릴레이이지요.

구디브 그러니까 제가 "생명 그 자체"를 읽을 때 무엇을 생각해야 하나요?

---

2. [옮긴이] 인류학과 여성학 학사. 여성학 석사. 문화인류학 석사. 문화연구 Ph. D. 영국의 랭카스터대학교 카트멜대학 사회학과 교수이며 1990년부터 랭커스터대학교에서 가르치고 있다.
3. 새러 프랭클린, 「생명 그 자체」(Life Itself), 랭커스터대학교의 문화 가치 센터에서 교부한 논문, 1993년 6월 9일.

해러웨이   저는 그것을 이용하여 일종의 문자주의를 말하고 있어요. 문자주의는 자연-문화 세계의 진행적 관련성을 고정된 코드나 고정된 프로그램으로 바꾸려는 노력의 일종이지요. 생명은 특별한 종류의 물신을 내포하였고 확고하게 고정시켰으며, 또한 그런 물신으로 변질되었어요. 저는 『겸손한_목격자』에서 네 부분으로 된 그 물신주의를 개괄했지요.[4] 거기에서 저는 모든 기묘한 낯설음(uncanniness)을 다 갖춘 상품 형태에 관한 마르크스의 분석 전체와 관련된 "생명" 연구에 물신주의가 내재되어 있음을 강조했어요. 물신주의는 절대로 명백하고, 고정된, 비생산적 과정이 아니에요. 상품의 물신성 (commodity fetishism)에는 놀라울 정도로 창조적인 양상들이 있지요. 그리고 상품의 물신성이 유전학과도 관련된 게 분명해요. 그러나 저는 유전자 물신주의의 여러 양상들 중에서 반드시 상품의 물신성과 관련된 게 아닌 양상들에도 관심이 있지요. 그들 중의 하나가 제가 "인지적 물신주의"라고 부르는 거예요. 인지적 물신주의는 알프레

---

4. "유전자 물신주의는, 상품들을 그들만의 가치가 있는 원천이라고 주장하면서, 대상과 가치를 발생시키는 인간들 사이의, 그리고 인간과 비인간 사이의 사회기술적 관계들을 감추는, 정치적·경제적 부정(denial)으로 조성된다. 이것은 또한 정신분석학 이론이 주장하는 부인(disavowal)으로 조성되는데, 정신분석학 이론은 생물학적 구조, 기능, 발달, 진화, 그리고 생식의 단위들이나 연쇄들에 대해 보다 적절한 표현 대신에, 대장분자(master molecule)라는 표현을 사용한다. 그리고 이것은 또한 철학적-인지적 실수로 조성되는데, 이 실수는 잠재적인 추상관념들을 구체적인 실재물로 오인한다. 이것들은 모두 현재 진행되고 있는 사건들이다. 물신주의자들은 이런 모든 대체물들에 다중으로 포위되어 있다. 아이러니는, 생명 자체의 보증인인 유전자가 그 자체로서 자기목적적인 물체, 즉 코드 중의 코드를 의미하도록 가정될 때, 유전자 물신주의가 정교한 대리 제도, 빗나감, 대체 같은 것들과 연관된다는 점이다. 유전자의 살아 있으며 의미작용하는 끊임없는 전의적 성질을 인정하지 않는 회피가, 그런 훌륭한 비유작업과 연루된 적은 지금까지 한 번도 없었다. 그런 훌륭한 비유작업에서는 유전자가, 생명 그 자체에 대한 물질화된 꿈속에 빠져 있는 사람들을 끌어 모은다. 해러웨이, 『겸손한_목격자』, 1997, 147쪽.

드 노스 화이트헤드(Alfred North Whitehead)의 "잘못 놓인 구체성"(misplaced concreteness)[5]이라는 개념[6]을 이용하여 작업한 거지요. 다른 종류의 물신주의들처럼 인지적 물신주의는, "사실의 즉각적인 문제들을 단순화하여 편집한 것"이라는 화이트헤드의 언급에 기반을 둔 생산적인 실수나 생산적인 잘못 놓임과 연관되어 있어요. 유전자 담론의 경우에는 추상적인 것이 구체적인 것 속에 잘못 놓이는 일이 벌어지고 있지요. 예를 들어, 유전학에 관해 설명할 때, 우리는 자주 인간 게놈이라는 사상을 인간 본성을 위한 "프로그램"이라고 소개합니다. "프로그램"이라는 개념은 "그 프로그램"이 그 물체 자체로 자주 오인되는 인지적 물신주의와 관련이 있어요. 이 때 발생하는 문제는, 코드와 프로그램의 개념들을 생산하는 데 투입되었던 여러 겹의 추상관념과 처리과정이 그 후 단순화되어, 실재(實在)로 오인된다는 거지요.

---

5. [옮긴이] 과학적 추상이론이 구체적 경험을 왜곡하는 오류. 추상과 현실을 혼동한 오류 (화이트헤드).

6. 알프레드 노스 화이트헤드, 『과학과 근대 세계』(Science and the Modern World)(뉴욕: 멘토 북스, 1948. ⓒ 1925), 52쪽. "물론 단순한 위치뿐 아니라 실체(substance)와 성질(quality)은, 인간 정신에 가장 자연스러운 사상들이다. 이것은 우리가 물체들에 관해 사고하는 방식이므로, 이런 사고방식이 없다면 우리는 일상적으로 사용하는 사상들을 얻을 수 없을 것이다. 이에 대해 의심할 여지는 없다. 유일한 의문은 우리가 이런 연결관계 아래에 있는 자연에 대해 고찰할 때, 얼마나 구체적으로 사고하고 있느냐 하는 점이다. 내가 이제부터 하게 될 주장은, 우리가 사실의 즉각적인 문제들을 단순하게 편집하여 우리 자신에게 보이고 있다는 것이다. 이런 단순화한 편집의 일차적인 요소들을 조사할 때, 우리는 그것들이 높은 정도의 추상관념을 정교하고 논리적으로 구축하고 있다고 정당화될 때에만, 진리임을 발견하게 될 것이다. … 따라서 나는 실체와 성질이 잘못 놓인 구체성의 오류의 또 하나의 예가 될 만하다고 주장한다."

구디브 롤랑 바르트가 『신화론』(*Mythologies*)[7]에서 도달하려고 했던, 여러 겹의 기호생산이 내포(connotation)에서 외연(denotation)으로 미끄러지는 현상과 비슷하네요. 외연으로 미끄러지면 내포적 기호는 새로운 분절체계 속에서 기표가 되고 — "사실"이나 진리로 오인되고(단지 순수하거나 "원시적인" 기표로서) — 그리고 새로운 체계 속에서 진리의 기표가 되지요. 따라서 오늘날의 많은 정보 생산이 바르트의 신화 모델을 따르고 있는 거지요. 당신은 이런 기호현상 체계의 훨씬 더 복잡한 진화에 관해 말씀하고 있는 게 분명하군요.

해러웨이 네, 인지적 물신주의는 "생산적 문자주의"를 생산하는 과정입니다. 제가 하려는 일이 바로 문자주의의 그물망을 폭로하고 그에 대응하려는 거지요.

구디브 그것이 바로 『겸손한_목격자』의 제3부, 「어용론: 기술과학의 하이퍼텍스트」(Pragmatics: Hypertext in Technoscience)에서 "어용론은 기호론의 생리현상이다"[8]라고 말씀하셨을 때 의미하신 내용이지요?

해러웨이 네. 제가 해체하고 싶어 하는 것이 바로 이런 종류의 인지적 물신주의, 혹은 의미를 의미의 생리현상들로 구체화시키는 일이

---

7. 롤랑 바르트, 『신화론』(*Mythologies*)(뉴욕: 힐과 왕, 1972. ⓒ 1957).
8. 해러웨이, 1997, 126쪽.

지요. 저는 찰스 모리스(Charles Morris)의 『기호 이론의 기초』(*Foundation of the Theory of Signs*)에서 어용론의 아이디어를 얻었어요. 모리스는 "어용론의 견지에서 볼 때 언어학의 구조는 행동체계다"[9]라고 말했거든요.

구디브 물론 그런 분석은 우리가 영화 텍스트나 광고를 분석하려 할 때 자명해 보이지요. 그러나 여기에서 차이점은, 그 가치가 "생명코드의 핵심"으로 오인되거나 잘못 놓인 유전자에 관해 말하고 있다는 거예요. 유전자는 생명코드의 핵심으로 오인되거나 잘못 놓입니다. 그러나 유전자는 또한 언제나 일종의 문화적 페트리접시(세균 배양용 접시)의 컨텍스트 내에서 성장하는 것으로 간주되어야 하지요. 기본적으로 당신은 유전자에 관해 정의할 때 페트리접시를 포함시킵니다.

해러웨이 네. 게다가 저는 각종 이데올로기 내용들을 잘 이용하고 있지요. 그중 일부는 매우 지루하고 전통적이지만 여전히 강력해요. 대장분자와 편친(片親)이라는 솔직한 개념들 말입니다. 이것은 꽤 간단한 이데올로기적 가공처리이에요. 그러나 그것은 유전자에 대한 기본적 담론 생산들 속에 깊이 뿌리박고 있는 이데올로기적 가공처리이며, 이 때 유전자는 문자화된 형태로 "생명 그 자체"의 형태를 띠고 있지요.

---

9. 같은 글, 125쪽.

구디브 그러니까 "생명 그 자체"가 화이트헤드의 잘못 놓인 구체성의 예가 되는군요. 화이트헤드가 추상관념의 복잡한 과정들을 "단순화하여 편집한 것"이라고 부른 것 말입니다.

해러웨이 네.

구디브 그런 비판 의식의 견지에서 생각하는 당신은 유전자를 어떻게 정의하십니까? 혹은 정의해 주시겠습니까?

해러웨이 유전자란 관계성이라는 장(場)에 있는 매듭이지요. 그것은 물질적-기호적 실재물입니다. 계승을 자리매김하고(지도제작의 의미에서의 locate) 실재화하는(substantialize) 구체화이지요.

구디브 언제 유전자들이 발견되었고 언제 유전학이 존재하게 되었나요?

해러웨이 그런 이야기를 할 수 있는 두 가지 방법이 있어요. 가장 간단한 것은 수도원 정원에서 완두콩 식물을 가꾸던 19세기 중반의 승려 멘델(Mendel)부터 시작하는 거지요. 그는 완두콩 속에 있는 특질들 — 주름지거나 매끄러운 것, 키가 큰 것이나 작은 것 — 의 이산적 계승에 관해 이야기하는 방법을 개발했어요. 1900년경 세 명의 노동자들이 이와 독립적으로 멘델의 유전자들을 재발견하였고, 그리하여 그 유전자들이 그 시대의 세포생물학 속으로 재빨리 통합되어 급

속히 염색체와 연결되었지요. 계승의 유전적 증식 양상에 관해 연구하는 현미경 해부학이 그 시기부터 발전되었어요. 10년대와 20년대에는 특정한 모델 유기체를 연구하는 정교한 유전학 학문이 컬럼비아대학교의 토머스 헌트 모간(Thomas Hunt Morgan) 실험실에서 시작되었는데, 특히 과실파리를 실험하였지요. 과실파리들을 수년간 번식시켰어요. 변종들을 골라내고, 개체 유전자들을 묘사하며 연구하였지요. 후에 바이러스 그룹과 생화학을 포함하는 많은 자료에서 분자유전학이 성장했어요. 그리고 와트슨과 크릭(Watson and Crick)의 그 유명한 1953년 논문이 발표되었지요. 그 논문은 이중의 나선으로 된 유전자의 화학구조 — 즉 DNA 설화를 설명하였지요. 그 당시가 1950년대 초기였어요. 그러니까 유전학은 지금부터 백년을 거슬러 올라가는 설화이지요. 달리 말하자면, 유전자의 "물체성"은 20세기 전반에 걸쳐 점진적으로 합성된 겁니다.

구디브 그러니까 유전학은 정말로 20세기의 틀을 만든 서사이군요?

해러웨이 네, 여러 단계를 거친 서사이지요. 우리가 유전성에 관한 분자의 기초를 깊고 상세하게 이해하게 된 게 20세기 말이니까요. 그러나 그 분자들 — DNA 분자들 — 은 결코 떨어져서 작업하지 않아요. 그들은 언제나 다른 세포 구조와 상호작용하며 작업하지요. 그것은 언제나 과정 중에 있어요. 그러나 — 그리고 이것이 문제인데 — 우리는 그것에 관해 말할 때 마치 단순하고 구체적인 물체인 양 말하지요. "유전자"는 1900년에는 단지 이름, 즉 관찰된 과정을 부르는 이름에 불과했어요. 즉 주름진 혹은 매끄러운 씨껍질, 키가 크거나 작은 식물, 붉거나 검은 눈 같은 특질에 관한 독립적인 분리를 말하였지요. 달리 말하자면 그것은 특질을 부르는 이름이었어요. 유전의 생화학적 기초는 훨씬 뒤에서야 알려졌어요.

사이보그 시간성

구디브 시간은 『겸손한_목격자』에서 뚜렷한 분석 범주입니다.

해러웨이 그것은 부분적으로는 제 자신이 겪었던 강렬하고 고통스러웠던 가속의 경험 때문이에요. 현재 우리 모두가 영위하고 있는 가속화된 삶이 쾌적하지 못하다는 건 물론 우리 모두가 공통으로 겪는 경험이지요.

구디브 이제 그것은 거의 기정사실이 되었어요. 이제는 하나의 직업을 갖는 게 규범이 아니라 여러 직업을 갖는 게 규범이 되었어요. 혹은 당신이 하나의 직업만 갖고 있으면 기이한 종류의 다중직업에 정통한 사람일 거라는 기대를 받게 되지요. 저는 이런 사실이 전 분야에 — 사업, 예술, 학계 등등 — 해당된다고 생각해요. 작년에 연설을 하러 휘트니 프로그램에 왔던 아비탈 로넬이 토론 중에 매우 실망했던 순간이 있었어요. 어떤 학생들이 철학적 명칭과 개념들을 무심코 생략하고 있었거든요. 그녀는 좌담을 중단시키고, 사고와의 가속화된 관계가 산출하는 폭력에 관한 토론으로 들어갔어요. 그녀의 교육 스타일은 어떤 글읽기에도 매우 조심하면서 그 텍스트에 나오는 여러 주장들을 발전시키고, 마치 상표 이름인 양 사상가들을 그냥 던져버리지 않는 겁니다. 학생들은 시간상 곧 이론과 철학에 대해 매우 수월하게 느끼게 되고, 이것은 여러 점에서 좋을 수 있지만, 문제는 가속화된 학습의 징후를 보인다는 거지요. 그녀는 「과학기술에 대한 물음」에서 하이데거가 기술한 내용을 참조하여 그 문제를 과학기술과 연결시키고 있었어요. 그 에세이는 당신이 의미하는 과학기술의 견지에서 볼 때 문제가 있는 에세이지만, 그럼에도 불구하고 그녀는 이런 가속화되고 빨라진 학습에 대해 비판적이어야 한다고 주장했지요. 그 대신 보다 사색적이고 조심스러운 종류의 글읽기 실천을 선택해야 한다고 주장했어요.

해러웨이 저도 그 생각에 동의합니다.

구디브 매우 흥미로웠던 점은 그 후 한 사람이 "글쎄, 사색적인 삶을 요구하는 게 학자로서의 그녀의 특권이지"라고 말하는 소리를 제가 엿들은 겁니다. 마치 학자들은 조용하고 격앙되지 않는 느린 사색의 삶을 사는 것처럼 말이지요!

해러웨이 그러나 그것은 자신이 고생하는 데 비해 상대방은 언제나 더 유리한 상황에 있는 것처럼 보이는, 시기심의 감정적 경제의 일부가 아닐까요?

구디브 맞습니다. 당신처럼 제가 아는 학자들은 엄청난 부담—출판하기, 대학원생과 학부생들 가르치기, 위원회·학위논문·자격시험에 참여하기, 학회에 참석하기 등등—아래 살고 있는데요. 컴퓨터가 가동되지 않는 시간에도 당신은 여러 가지 일에 억눌려 있더군요. 다시 사이보그와 시간성으로 돌아오자면, 당신은 『겸손한_목격자』에서 응축(condensation), 융합(fusion), 내파(內破, implosion)가 사이보그의 시간성들이라고 말하고 있습니다. 이것이 어느 정도 우리가 말하고 있는 내용인가요?

해러웨이 네. 시간은 고도로 응축·융합되었고, 내파는 우리 주위 곳곳에 존재합니다. 이것이 후기 자본주의에 평균적인 사람이 겪는 경험이지요. 『겸손한_목격자』에서 저는 존 크리스티(John Christie)의 1993년 에세이인 「사이보그의 비극」(A Tragedy for Cyborgs)에 관해 토론하였지요. 그는 그 에세이에서 「사이보그 선언문」과 유전학의 "이미 씌어진 미래"에 관해 토론했어요.[1] 제가 동시대의 기술과학적 문화 속에서 게놈과 금융 수단이 공유하고 있는 시간성에 처음으로 주목할 수 있도록 만든 사람이 바로 그예요. 예를 들어 부채-스케줄이 미래를 써나가는 방식이 그렇지요. 당신이 담보를 맡긴 채 혹은 개발도상국으로서 어떤 특정한 종류의 부채상환 스케줄을 따라야 한다면, 부채-스케줄은 당신을 다양한 종류의 식품생산 체계, 관광산업, 군대의 억압, 결혼관습 등등에 갇히게 만들 겁니다. 문자 그대로 미래가 부채상환 의무에 갇히게 되는 거지요. 그것이 바로 이미-씌어진 미래로, 이미 그 속에 세워진 시간성이라는 경계지어진 개념을 갖고 있지요.

구디브 담보 빚뿐 아니라 신용카드, 학교대출이 현재 얼마나 흔한 일인지 생각해 보세요. 이런 평범한 경험을 일상적인 삶에서의 유전학의 증가와 연결시킬 때, 시간은 경계성을 갖게 됩니다. 이 경계성은 모더니즘에서 간주되고 경험되었던 방식과 매우 달라요. 모더니즘에서는 시간성의 한계가 주체성의 잠재적 무한성 및 유동성과 더 큰 관계를 맺고 있었으니까요. 저는 프로이트, 프루스트, 베르그송, 울프, 조이스 등을 생각하고 있어요. 개별적이고 주체적인 내부적 시간성(의식의 흐름과 개별적인 기억)이 자유와 표현성의 의미로 장식되어, 상당수의 고급 모더니스트들에게 너무나 의미가 깊었지요. 당시 시간은 우발적이었으나 순응적이고 유동적이었어요.

---

1. 존 R. R. 크리스티, 「사이보그의 비극」(A Tragedy for Cyborgs), 『형태들』(*Configurations*) 1, 1993, 171~96쪽.

해러웨이 부채상환 스케줄이 사람들이 그런 구조를 어떻게 다루게 될 지 결정하지 않듯이, 유전자도 "생명 그 자체"가 발생하게 될 트랙이나 소위 매트릭스를 단지 설계할 뿐이에요. 하지만 게놈이 분배된 데이터베이스로 제도화되고, 그 후에는 다른 지식실천들―예를 들어 제약(製藥)의 발전―로 이용되므로, 여러 저항 및 논쟁 형식들을 포함하는 미래를 위한 매트릭스가 설립되는 거지요.

구디브 그래서 지금 시간성에서 깊은 변화가 일어나고 있는 거군요?

해러웨이 네, 오늘날 발전하고 있는 유전학은 물질적으로 다른 종류의 시간성을 다룹니다.

회절(回折) 패턴은 상호작용, 간섭, 강화, 차이의 역사를 기록한다.

다나 J. 해러웨이

비판의식으로서의 회절

구디브 회절은 어떤 종류의 전략인가요?

해러웨이 첫째로 그것은 반사처럼 광학적 은유이지요. 그러나 그것
은 보다 큰 역학과 잠재력을 갖고 있어요. 회절패턴은 실물들
(originals)에 관한 게 아니라 이질적인 역사에 관한 겁니다. 거울반
사와 달리 회절은 똑같은 것을 다른 곳에 옮기지 않아요. 회절은 이
고통스러운 기독교 천년의 끝부분에서 또 다른 비판의식을 나타내는
은유이지요. 똑같은 것이라는 신성한 상(像)[the Sacred Image of

the Same]을 반복하는 게 아니라, 차이를 만드는 데 헌신적인 은유이지요. 저는 회절패턴이 상호작용, 간섭, 강화, 차이의 역사를 기록하는 방식에 관심이 있어요. 이런 의미에서 "회절"은 필연적인 의미들을 만드는 서술적·회화적·심리적·영혼적·정치적 과학기술입니다. 이런 이유들 때문에 저는 『겸손한_목격자』를 린 랜돌프(Lynn Randolph)의 "회화적" 주장, 즉 그녀의 그림 〈회절〉(*Diffraction*, 1992)로 끝맺음하였지요.

구디브 "회절"이 광학 현상이니 반사와의 차이를 설명해 주시지요.

해러웨이 글쎄요, 우선 이런 컨텍스트 안에서 "회절"이라는 용어를 사용할 때 그다지 사적이지 않은 많은 농담들이 개입되지요. 미국 페미니즘의 한 경향은 눈과 시각적 과정을 덜 중요시하고 — 실제로 저주하고 — 구두(口頭)적인 것과 촉각적인 것을 전경화해요. 거울에 관한 것은 언제나 의심을 받지요. "광경"(spectacle), "거울의"(specular), "장관의"(spectacular), "숙고하는"(speculating) 등등이 백색으로, 남성으로, 강력한 것으로, 지구 밖으로, 지배로 가득 찬 것으로 등등등 코드화되지요(갑자기 웃기 시작함).

구디브 저는 페미니즘 영화이론 덕분에 당신이 무슨 말을 하는지 압니다.

해러웨이 그리고 나서 카피(the copy)와 실물(the original)의 문제라는 견지에서 코드화되지요. 어떤 것을 본다는 과정은 언제나 보는 것을 잘못 본다는 문제를 수반해요. 그것은 똑같은 것인가? 혹은 다른 곳에 옮겨진 똑같은 것인가? 그 카피는 정말로 실물의 카피인가? 당신에게 반사된 상(像)이 있고 그 상이 다른 곳으로 옮겨진 거라면, 그것이 정말로 실물만큼 좋은가? 그런 모든 재현의 신학들이 시각을 강조하는 전의(轉義)체계 속에 깊이 뿌리내리고 있어요. 플라톤철학, 요한복음, 계몽운동으로 돌아가 보세요. 이런 유산들은 빛이 과도하게 가부장적이므로 어두운 여성의 몸에서 아버지라는 빛으로 옮겨가도록 유도해 왔지요. 그래서 페미니스트들은 이들에게 반발을 했고요. 그러니까 많은 페미니즘 작업이 여러 다른 전의체계들, 특히 구두, 청각, 촉각 등을 강조하는 건 놀라운 일이 아니에요. 저는 그런 페미니즘 작업과 아무런 문제가 없었어요. 페미니즘 작업이 독단적이 되어, 눈을 금지했을 때를 제외하고는요. 시각적 은유들은 매우 재미있어요. 저는 민주주의, 주권, 매개행위, 그리고 그런 모든 오염된 유산들을 포기하지 않듯이, 시각적 은유들도 포기하지 않을 겁니다. 제 작업방식이 나만의 오염된 유산―사이보그가 그중 하나이지요―을 택하여 그것을 재작업하기 위해 노력하는 거라고 생각하니까요. 시각적 은유들도 마찬가지입니다. 상속받은 전의체계들을 취하여, 제 성미에 맞지 않는 것들을 무엇인가 새롭게 만들려고 노력하지요. 어느 면에서는 꽤 단순해요.

구디브 당신에게 겸손한 면이 있군요!

해러웨이 정말로 상당히 단순해요. 대체로 우리가 지금까지 사용한 광학적 은유는 빈곤했어요 — 내내 반사와 반영성에 관해 언급했으니까요. 광학은 결국 두껍고 흥미로운 역사를 지닌 물리학의 한 갈래예요. 예를 들어, 광학은 렌즈 연구, 즉 광선의 분산을 연구하는 학문을 포함하지요. 뉴턴의 실험이나 괴테의 실험을 회절 크리스탈과 함께 생각해 보세요. 제 말은 잠시 동안 반사나 반영성에 관해 이야기하지 말고 회절에 관해 이야기하자는 겁니다. 물리적으로 회절이 무엇인지 이야기 합시다.

구디브 그래서요?

해러웨이 빛이 작은 틈새를 통과하면, 통과한 광선들은 분산됩니다. 무슨 일이 일어나는지 확실히 알기 위해 한 끝에 스크린을 놓으면, 그 스크린 위에 광선이 지나가는 길의 기록을 얻게 되지요. 이 "기록"은 틈새를 통과하는 그 광선들의 길의 역사를 보여줍니다. 그러므로 당신은 반사를 얻는 게 아니라 길의 기록을 얻는 거지요.

구디브 오싹 소름이 끼치네요.

해러웨이 은유인 회절은 정체성의 형이상학과 재현의 형이상학은 잠시 중단하고, 광학이 빛에 관해 사고할 수 있는 다른 잠재적 방식으로 가득 차 있다고 말하지요. 그중 한 방식이 역사에 관한 겁니다. 그 방식은 분류로서의 정체성에 관한 게 아니라, 기록용 스크린 위에 기입하는 과정에 관한 거예요. 그러므로 저는 그것을 이용하여 끝없는 자기-반영성과 반대되는, 세계 속에서 차이를 만드는 일에 관해 말하지요. 그렇다고 자기-반영성에 반대하는 건 분명히 아니예요. 어떤 다른 것을 전경화하는 데 관심이 있는 거지요. 그리고 또 다른 농담이 있는데, 그것은 기호학을 구문론, 의미론, 어용론, 그리고 회절 같은 갈래들을 갖고 있는 학문 — 인문과학 — 이라고 말하는 겁니다. 기호학의 또 한 갈래로 회절을 첨가한 거지요. 이것은 정말로 농담이고, 그 책의 작은 일부분이지만, 진지한 농담이에요.

구디브 당신처럼 회절에 대해 사고하다보니 이전에 회절이라는 개념이 사용되지 않은 게 놀랍군요.

해러웨이 이상하지요.

구디브 회절은 당신의 방법론 — 어떤 것이 무엇인가뿐 아니라 그와 동시에 그것이 어떻게 "존재"하게 되었는가의 역사도 함께 보는 것 — 에 관해 토론하기에도 적절한 방법이고요.

해러웨이 제가 좋아하는 작업방식을 보여주는 한 가지 예가 있어요. 저는 가르치다가 이 예를 발견했지요. 몇 년 전 '과학과 정치'라는 제 강의에 정치운동을 하던 정말로 똑똑하고 박식한 한 학부생이 있었어요. 여기 샌타 크루즈에 사는 산파였지요. 그녀는 가정분만운동 (home birth movement)에 참여하며, 의학이 개입된 출산에 반대했어요. 1980년대 초 그런 분만운동의 상당부분은 의학적으로뿐 아니라 법적으로 중간보호시설(요양시설과 독립주거 사이의 중간적 성격을 띤 곳)과 연관되어 있었지만, 그녀는 여러 법적인 이유로 면허가 있는 의료행위자들과 관계를 맺고 있었어요. 어쨌든 그녀는 가정분만운동에 열심이었고 그래서 모자에 자연분만의 상징으로 기저귀 핀을 달고 다녔어요. 기저귀 핀을 비-의료적인 물건, 초음파기계나 검경으로 중재되지 않는 여성과 아기와의 관계를 의미하는 일상적 물건이라고 생각한 거지요.

구디브 그 안전핀이요?! 이해가 안 되네요.

해러웨이 그래요. 그래서 우리는 그 핀을 플라스틱산업 및 철강산업의 역사와 진보적인 안전 규정의 역사의 관점으로 되가져갔지요. 그러자 곧 그 안전핀이 어떻게 이런 모든 주 규정 장치들과 자본 형성 내에서의 주요 산업들의 역사 등등 속으로 빠져드는지 알게 되었어요. 저는 그녀가 착용하고 있던 핀을 그 컨텍스트로부터 옮긴 게 아녜요. 그 안전핀에 훨씬 더 많은 의미와 컨텍스트들이 있으며, 일단 당신이 그것들에 주목하면 그것들을 그냥 누락시킬 수 없다는 걸 보여주기 위해, 말하자면, 단지 회절시킨 거지요. 당신은 그 "간섭"을 등록해야 해요. 이것이 나의 작업방식이며, 내가 즐기는 방식이라고 느낍니다. 그것은 하나의 물건 속에서 그동안 잃어버린 것들을 보이게 만드는 단순한 일이지요. 다른 의미들을 사라지게 만드는 게 아니라, 결론이 단 하나의 진술이 되는 걸 불가능하게 만드는 겁니다.

구디브 지금까지 당신은 유전학과 생물학의 역사에 관해 설명하고 있던 반면, 저는 계속 당신이 유전학의 문화분석에 관해 글을 쓰고 연구하는 방법에 대해 듣고 있었어요. 유전학적 분석모델을 문화분석으로 만들기보다, 문화분석을 유전학적 분석모델로 만드는 그런 종류의 일을 통해, 당신이 어떻게 문화분석에 착수하였는지 계속 듣고 있었지요. 제 말은 당신이 과학모델을 택한 다음 그것을 문화비판 모델로 변화시켰다는 겁니다.

해러웨이 옳습니다. 저는 "자연"이라고 불리는 것에 관한 분석들과 "문화"라고 불리는 것에 관한 분석들이 똑같은 종류의 사고를 요구한다고 생각해요. 제가 무엇보다도 한 단어인 "자연문화들"(naturecultures)에 관심이 있기 때문이지요. 이 "자연문화들"은 자연과 문화의 담론 부문들의 내파들입니다. 저는 이런 컨텍스트 안에서 한편으로는 사이보그에 관해 그리고 다른 한편으로는 영장류에 관해 글을 썼어요. 영장류들은 사이보그와 달리 인간-자연 관계에 의문을 제기하지요. 특히 진화사(進化史)는 예리하게 생물학적 환원주의 및 체험된 몸, 육체의 몸, 그리고 무엇이 인간과 동류인가 등등의 문제들을 출현시키지요. 어떤 유기체가 인간과 동류인가 하는 의문은 사이보그 설화에서보다 영장류 설화에서 훨씬 더 강력하게 제기되었어요. 사이보그 설화는 어떤 기계가 인간과 동류인가 — 특히 의사소통 영역 내에서 어떤 기계가 인간과 동류인가 — 라는 의문을 제기하지요. 영장류 설화는 다른 유기체들의 영역 내에서 무엇이 인간과 동류인가 라는 의문을 제기하고, 인문과학, 특히 진화행동 등등과 관련된 자연인류학에서 주장되었던 자연-문화의 접촉면의 문제를 제기하지요. 그리고 나서 제1세계/제3세계의 연결고리들을 해독해야 하는 문제가 제기되는데, 그 이유는 다른 영장류에게 접근할 수 있는 특수 조건들 때문입니다.

구디브 당신은 당신이 자연-문화 관계에 관해 연구한다고 말씀하십니다. 반면 저는 당신이 무엇이 인간과 비인간으로 간주되는지 혹은 거의-인간으로 간주되는지에 관해 연구한다고 언제나 말하지요.

해러웨이 네 ─ 그 두 개의 문제는 똑같은 문제가 갖고 있는 두 개의 다른 얼굴이지요. 마치 게슈탈트 전환 같은 거예요. 제 신념은 자연-문화가 하나의 단어이지만, 우리는 여러 이유들 때문에 그 단어를 틈이 벌어진 실재로 상속받았다는 겁니다. 하나라는 것은 통 속에 든 두뇌((brain in a vat))[1]와 같은 개념이지요. 이런 모델 안에서 정신(mind)은, 영양 액체들과 함께 통 속에 들어 있는 두뇌의 내부에 갇힌 실재물이에요. 그러므로 기본적으로 정신이 할 수 있는 일은 만사를 기계로 묘사하고 관찰하며 행하는 거지요. 인간과 세계와의 사이에는 이런 끔찍한 분리가 있어요. 틈이 벌어진 이런 실재에 대한 보

---

1. [옮긴이] 힐러리 퍼트넘(Hilary Putnam)이 『이성, 진리, 그리고 역사』에서 외부 세계에 대한 회의론에 관해 설명하기 위해 만든 가상 시나리오의 일부이다. 사악한 과학자가 당신을 마취시키고 납치한 후 두뇌를 빼내어 통 속에 집어넣고 그것을 컴퓨터와 연결시켰을 경우, 깨어난 당신은 컴퓨터에 연결된 감각기관 때문에 모든 것을 예전과 똑같이 느끼게 된다는 것이다. 거짓 신호를 받는 통 속에 든 두뇌는 모든 것이 정상이라고 생각하게 된다는 것이다.

다 점잖은 해석들이 있지만, 그런 해석들에 반대하는 제 신념적 행위는 세속성의 사상과 관계가 있어요. 육체적인 몸과 인간 역사들이 언제나 어디서나 상호관계의 조직 속에 억류되어 있다는 세속성에 대한 신념이지요. 그런데 이 상호관계의 조직 속에서는 모든 이해당사자가 인간인 것은 아닙니다. 우리는 언제나 육체적인 세계 안에 있지만, 통 속에 든 두뇌가 결코 아닙니다. 지금까지 그랬던 적이 없으며, 앞으로도 그렇게 되지 않을 겁니다. 저의 기본적인 인식론적 출발점들은, 자연과 문화의 범주적 분리가 이미 일종의 폭력, 즉 상속받은 폭력이 되어버린 이런 함정입니다. 그래서 저의 철학적 자료들은 언제나 세속적인 실천과 그런 세속적인 실천의 기호적 성질을 강조하는 것들이지요. 이 자료들은 육체적이고 언어학적인 의미로 가득 차 있지, 결코 언어학적인 의미로만 가득 차 있지 않습니다.

구디브 "언어학적"이라고 말할 때 당신은 구체적으로 의미론적 언어학과 언어체계의 통시적 진화 개념에 대해 말씀하시는 겁니까? 다시 말하자면, 의미작용의 발달과정을 연구하는 언어체계의 통시적 진화 개념에 대해 말씀하시는 겁니까? 이 개념은, 역사나 점증적인 발달에 대해 아무런 의미도 갖지 않은 "물체"로서 말이나 언어에 접근하는 공시적 개념과 반대되는 개념이지요. 제 질문은 언어학적 기호의 임시성과, 이런 임시성이 생물학적 기호와 어떻게 연관되는지와도 관련이 있어요. 생물학적 기호는 몸의 물질성에 의해 유도되니까요. 인식론적 상대주의에 빠지지 않기 위해 언제 혹은 어떻게 선을 긋나요? 예를 들어 면역체계가 「포스트모던 몸의 생물정치학」에서처럼 "설화"

나 구성물로 읽혀질 수 있다면, 해석에 응답하지 않는 "과학"의 실천, 즉 면역체계의 여러 사실들의 실천은 어디에 있는 겁니까? 결론이 없는 겁니까? 그렇다면 이 문제를 어떻게 해결하시겠습니까?

해러웨이 세계를 이해하는 일은 설화 속에서 사는 문제에 관한 겁니다. 이 세계에 설화들 밖이라는 곳은 없어요. 설화들이 대상 속에서 문자화된 거예요. 혹은 더 나은 표현을 쓰자면 대상들이 냉동된 설화인 겁니다. 우리의 몸들도 가장 문자적인 의미에서 은유예요. 이것은 물질적·기호적·육체적·혈액의 존재 속에 새겨진 설화들과의 영원한 공존 관계의 결과인 물리성(physicality)의 모순어법식 성질입니다. 이 존재의 어느 것도 추상관념이 아니에요. 저는 지극히 비-추상적인 의식을, 즉 거의 추상관념에 대한 알레르기를 갖고 있어요. 이것 역시 가톨릭교에서 나온 거지요. 제 세계관의 내용은 분명히 매우 달라요. 그 세계관의 어느 것도 가톨릭 신앙의 교리들의 관점에서 볼 때 더 이상 가톨릭답지 않지요. 그러나 감수성은 여전히 나의 육체 속에 그대로 남아 있어요. 저는 그것이 학술계에서 저를 남다르게 만드는 점이라고 생각합니다.

구디브 동감합니다.

해러웨이 여기에는 차별의 역사도 개입되어 있어요. 그 부분적 이유는 미국의 반-가톨릭 신앙사(信仰史) 때문에 미국 학술계에 가톨릭 신자들이 상대적으로 매우 적다는 거지요. 그러나 사이보그가 군사주의와 거대 과학(Big Science)의 자손이듯이, 저는 가톨릭교와 냉전 시대의 자손입니다.

구디브 저는 추상관념에 대한 알레르기라는 당신의 말에 큰 매력을 느낍니다. 당신의 글쓰기와 가르침은 상당히 증거에 근거를 두고 있어요. 제 말은 당신이 엄격하게 모범적인 인물이라는 겁니다. 당신은 구체적이고 세속적인 예들을 통해 산출되지 않은 이론은 결코 사용하지 않지요.

해러웨이 제가 사용하는 예들이 곧 이론이 되지요. 다시 말하자면 제가 사용하는 은유의 의미는 문자적이고 생물학적인 예들로부터 끌어낸 것이므로, 제 이론들은 추상관념이 아니라는 겁니다. 그런 이론들이 혹시 있다면 그것들은 재기술한(redescription) 것들이지요. 만약 어떤 사람이 저의 이론화 방식의 특징을 기술하려 한다면, 그것은 재기술하는 것, 즉 첫 눈에 보이는 것보다 더 짙어지도록 어떤 것을 재기술하는 것이 될 겁니다.

구디브 언제나 문자적인 것과 비유적인 것의 연관성을 보려는 당신의 경향 때문에 당신의 작업에 관한 잘못된 해석들이 생겨난다고 생각하시나요? 제 말은 몇몇 사람들이 그 재기술 된 이론을 볼 만큼 충분한 인내심이 없거나 그것을 보도록 교육받지 못했고, 그래서 문자적이면서 동시에 비유적인 입장에 서서 보지 못한다는 겁니다.

해러웨이 당신이 옳게 지적한 것 같군요. 사람들이 제 글쓰기나 연설을 만난 덕분에, 이런 감수성 속에서 살지 않을 수 없게 된다는 점이, 제가 기여한 부분이라고 생각하니까요. 실제로 많은 사람들이 우선은 대중적인 발표를 통해 제 연구 내용을 알게 되고, 그 후에 글쓰기가 보다 접근하기 쉽다는 것을 발견하지요. 대중연설로 이런 모든 문제들을 물리적으로 발표하는 게 가능하기 때문에 저는 자주 이런 경험을 하였습니다. 그런 행사는 목소리, 몸짓, 슬라이드, 정열 이 모든 것이 말의 밀도를 만드는 대단한 인터미디어 행사이지요. 이상하지만 제 생각으로는 사람들이 자신들이 읽는 책 페이지에서보다 발표를 들을 때 이 밀도를 더 잘 처리할 수 있는 것 같아요.

구디브 재미있군요. 그런 곳에서는 씌어진 텍스트와 달리 그런 어조, 단계적 변화, 뉘앙스들이 즉각적으로 잘 이용되지요. 저는 당신이 사용하는 아이러니에 대해 생각하고 있어요. 아이러니는 개인으로서의 당신에게 중요한 부분입니다. 유머, 웃음, 농담은 불변의 상수이고, 이론화의 한 형태입니다. 그것은 거의 희가극적이지요.

… 어떤 것을 그것이 가진 모든 난잡함과 더러움과 결함까지 포용하면서.

다나 J. 해러웨이

세속적 실천

구디브 당신이 "세속적 실천"이라고 말할 때 무엇을 의미하는 겁니까?

해러웨이 몸의 생리현상, 혈액과 호르몬의 흐름, 화학적인 것의 작용
— 유기체의 육체성 — 이 그 유기체의 전체 삶과 서로 맞물리는 내
파된 물체들의 집합을 의미합니다. 당신이 세속적이라는 것이 무엇
을 의미하는가 라는 질문의 어떤 차원에 관해 말을 시작할 수 있도록
만드는 거예요. 즉 상업적, 생리적, 유전학적, 정치적 차원에 관해 말

을 시작할 수 있도록 만들지요.

구디브 당신에게 매우 의미가 깊은 단어이지요?

해러웨이 네, "세속적"이라는 단어는 제게 큰 단어예요. 모든 형용사들은 이야기하거나 말하기 시작하는 방법들에 관한 거지요. 형용사들은 과학기술적인 것, 상업적인 것, 신화적인 것, 정치적인 것, 유기적인 것이 내파되는 끈적끈적한 실들(sticky threads)을 잡아당기기 시작하는 방법들이에요.

구디브 그 똑같은 과정을 설명하기 위해 다른 단어를 사용한 적이 있으신가요? 혹은 다른 사람들도 그걸 표현하는 단어들을 사용하나요? 당신이 왜 "세속적"이란 단어를 선택했는지 궁금하군요.

해러웨이 저는 리얼리즘과 상대주의간의 논쟁을 피하기 위한 하나의 방법으로 그 단어를 선택했어요. "실재"가 자연들과 문화들로 쪼개진다고 말할 수도 있었을 거예요. 그리고 일종의 더 나은 리얼리즘을 향해 작업하고 있다고 말할 수도 있었을 겁니다. 그러나 그렇게 되면 그 모든 틀린 주장으로 후퇴하게 됩니다. 그리고 제멋대로 잘못 읽는 사람들에게서 상대주의자라는 비난을 듣게 되지요. 저는 매우 화가 나요. 그런 특정한 이분법이 그 문제의 일부분이라고 말하기 위해 그동안 필사적으로 애써왔기 때문이지요. 저는 죽어야 할 운명, 유한성, 육체성, 역사성, 우발성 같은 것들에 몰두하기 때문에 "세속적"이라는 단어를 선택하기를 잘 했어요. 세속적이라는 단어는 또한 권력과 돈 같은 것들에 주의를 기울여야 한다는 것도 의미하지요.

구디브 옳습니다 — 그리고 제가 그런 질문을 한 이유는 그 단어가 하이데거를 상기시키기 때문이에요. 하이데거가 일상적인 것이든 평범한 것이든 세계에 관한 언어를 사용하는 데 매우 몰두해 있었다는 걸 상기시키기 때문이지요. 세속적이라는 단어는 이 세상에 관한 (earthly) 단어이며 근거가 확실한(grounded) 단어입니다. 그 단어는 공공연하게 허세부리지 않습니다.

해러웨이 맞습니다. "상황적"이라는 단어도 일상적인 단어를 택하여 많은 일들을 하도록 만든 그와 유사한 노력이었지요.

구디브 당신에게서 배운 가장 중요한 것 중 하나는 단순한 "비판"(criticism)을 넘어서는 — 교훈적, 진단적 비판성(criticality)을 넘어서는 — 비판성이라는 개념이지요. 제가 비판이론으로 간주하던 것이 이전에 생각했던 것보다 얼마나 더 크게 역사에 순종하는지 최근 깨달았기 때문에 이 개념은 제게 특히 흥미로워요. 비판 예술이 여러 세대에 걸쳐 각종 차원의 양상들을 띠었던 예술세계에 몸을 담고 있으므로, 그 개념은 제 위치와 관계가 있을 가능성이 크지요. 최근 저는 사람들이 "비판적"이라는 단어로 의미하는 바에 점점 더 확신을 잃게 되었어요. 비판성이라는 당신의 개념은 여러 주장들을 해체하고 권력이 어디에 놓여 있는지 아는 것을 의미하므로, "비판적"이라는 전통적인 개념과 매우 현저하게 다르지요. "비판적"이라는 단어가 단지 하나의 주장을 갖고 있음을 의미하나요? 저는 새로운 의미들을 만들어냄으로써 비판적 돌파구 — 문을 활짝 열고 생산하는 것 — 를 제공하는 예술에 관해 생각하고 있어요. 비판적 작품은 단지 부정적인 활동이 아니라 생산적인 활동이지요. 저는 최근에 이론이 변화를 발견하는 게 아니라 변화의 기초가 되어야 한다고 훌륭하게 구별하는 글을 읽었어요. 저도 대학원에 다닐 때 이런 문제를 안고 있었지요. 저는 하나의 텍스트가 제게 주지 않는 것보다 주는 것을 알기위해 독서했어요. 그래서 "글읽기"가 저자가 생략한 것들에 관해 울부짖으며 저자에게 달려드는 걸 의미할 때 매우 당황했지요. 결점이나 결여만을 찾는 일은 그렇게 이상한 학습방법처럼 보이니까요. 사실 학습의 정반대처럼 보입니다.

해러웨이   저도 그런 모델을 싫어해요.

구디브   사람들은 왜 그것이 비판적이 되는 유일한 방법이라고 생각하지요?

해러웨이   부분적으로는 경쟁 때문이지요. 먼저 그런 비판을 하지 않으면 바보처럼 보일까봐 두려워하기 때문이에요. 실제로 저는 정말로 고약한 인종정치가 이와 똑같은 원칙에서 작용한다고 생각해요. 자신들이 인종차별주의로 비난받지 않기 위해 다른 사람들을 먼저 고의적으로 인종주의자라고 부르는 거지요. 그것은 마치 인종차별주의가 몇 가지 진술로 쉽게 물리칠 수 있는 거라고 생각하는 것과 같아요. 다양한 진언(眞言)으로는 인종차별주의를 없앨 수 없어요. 혹은 이 논문은 이러저러한 방식으로 인종을 다루지 않았다고 지적한 후 다시 앉아서 그런 주의를 해주었으니까 이제 나는 자유다 라는 식으로 생각해서는 인종차별주의를 없앨 수 없지요. 달리 말하자면, 나는 거기에 있지 않으니까 나는 자유다 라는 식으로는 안 된다는 겁니다. 백인만이 인종차별주의와 이런 관계를 갖고 있는 게 아니니까요. 저는 단순히 인종차별주의뿐 아니라 여러 다른 종류의 것들과 관련하여 대학원에서 행해지는 이런 스타일의 부정적 비판성이, 어떤 것을 그 난잡함, 더러움, 결함까지 포용하기를 꺼려하는 두려움에 뿌리박고 있다고 생각해요.

… 죽음을 초월한다는 환상은 내가 좋아하는 모든 것과 반대된다.

다나 J. 해러웨이

고장

구디브 다른 종류의 비판성에 관해 토론하다보니, 『유인원, 사이보그 그리고 여자』에서 당신이 테리 위노그래드(Terry Winograd)[1]와 페르 난도 플로레스(Fernando Flores)의 "고장" 개념[『컴퓨터와 인지에 대한 이해』(*Understanding Computers and Cognition*)]에 관해 했던 토론이 생각나는군요. 그들은 "고장은 인간을 이해하는 데 있어서 중

---

1. [옮긴이] 원문에는 Terry Winogrand로 되어 있으나, 『유인원, 사이보그 그리고 여자』의 원전에 Terry Winograd로 되어 있으므로 테리 위노그래드로 옮긴다.

심적인 역할을 한다. 고장은 회피해야 할 부정적인 상황이 아니라, 우리가 도구를 사용할 때 관여하게 되는 도구들의 네트워크의 어떤 양상을 가시화하는 불-분명한 상황이다. … 고장은 임무를 성취하기 위해 우리에게 반드시 필요한 유대 관계들을 드러낸다. …"고 말했고, 당신은 「포스트모던 몸의 생물정치학」에서 그들의 개념을 이용하여 우리가 면역체계에 관해 어떻게 생각하는지 다시 묘사하지요. 당신이 표현한 대로 "면역체계 담론은 비-자기[2]로 충만해 있고, '차이'로 가득 찬 세계에 참여하는 가능성과 구속에 관한 것"이지요. 그리고 위노그래드와 플로레스의 "고장" 개념은 "몸의 영역을 군사화하지 않은 채 병리현상, 혹은 '고장'의 개념에 대해 논쟁하는"[3] 한 방법이에요. 「상황적 지식」에도 이와 유사한 순간이 있는데, 이 때에는 "주체의 죽음"에 관해 토론하지요.

인문과학의 남자들은 자기-현존에 관한 이런 의문을 의지와 의식을 가진 단 하나의 명령점인 '주체의 죽음'이라고 불렀다. 그런 판단은 나에게 이상해 보인다. 나는 이런 발생적 의문에 대해, 이종동형이 아닌 주체들, 행위자들, 그리고 외눈거인인 주인 주체의 자기-포만적 눈이라는 유리한 지점에서는 상상할 수 없는 설화들의 영역들 등등의 열림이라고 부르기를 더 좋아한다.[4]

---

2. [옮긴이] 원문에는 "자기와 비-자기로 충만하다"(replete with self and non-self)고 되어 있으나, 원전 『유인원, 사이보그 그리고 여자』에 "비-자기로 충만하다"(replete with non-self)로 되어 있다.
3. 다나 J. 해러웨이, 『유인원, 사이보그 그리고 여자: 자연의 재발명』(뉴욕: 러틀리지, 1991), 214쪽. [한국어판: 민경숙 옮김, 동문선, 2002, 387쪽].
4. 같은 글, 192쪽. [한국어판: 민경숙 옮김, 동문선, 2002, 345쪽].

이런 예들은 당신의 발생적 비판성에 너무나 중요하지요. 여기가 당신의 저술 속에서 사색적인 과학소설 작가와 비판적 이론가의 결합된 모습을 볼 수 있는 곳입니다.

해러웨이 저도 그들이 고장에 대해 강조한 점들을 사랑합니다. 저는 정말로 그것이 심오한 지적이라고 생각해요. 테리 위노그래드는 컴퓨터 과학자이고, 그와 플로레스는 현상학에서 그런 개념을 이끌어내고 있어요. 테리 위노그래드와 나는 콜로라도대학에서 철학가 글렌 그레이(Glen Gray) 밑에서 하이데거에 대해 함께 연구했지요. 테리는 대학원 학생이었을 때 초기 인공지능을 연구한 연구원들 중 한 사람이었어요. 지금 스탠포드에서 가르치고 있지요. 철학에 관해서는 플로레스와 함께 현상학적 비판을 깊이 있게 연구했지요. 플로레스는 아옌데(Allende)의 칠레로부터 도망친 정치 망명자였어요. 그들의 시각의 대부분은 정보기술, 현상학, 거칠게 체험한 정치 현실들 등등의 현실들이 결합된 거지요. 그들에게 고장은 시민권박탈이 일어나는 순간, 즉 당연시 되는 것이 체제의 결함 때문에 더 이상 당연시되지 않는 그런 순간들을 표현하는 단어입니다.

구디브 그것이 비판적 모더니즘의 그렇게 중요한 전략이군요. 당신의 저술에서 매우 중요해 보여요.

해러웨이 그것은 우리 모두에게 중요하지요. 사물이 더 이상 부드럽게 작용하지 않기 때문에 고장은 가능성의 공간을 생기게 합니다.

구디브 저는 그것이 제가 당신께 배운 가장 중요한 것들 중 하나라고 생각해요.

해러웨이 마음에 드는 말이에요!

구디브 정말로 그렇습니다.

해러웨이 물론 그것은 고통스러운 과정이지요.

구디브 네, 그러나 그것은 고통이 어떤 생산적인 것으로 변화할 수 있는 그런 순간이지요. 지나치게 낙천적으로 표현하지 않는다면 말입니다. 고통은 대부분 거의 기정사실이지요. 그러므로 우리가 고통을 어떻게 다룰 수 있는지 봅시다.

해러웨이 네, 그런 고찰은 언제나 유토피아적 찬미가 아닌 가능성의 조건으로서, 유한성, 죽어야 할 운명, 한계 등에 대한 의식으로 되돌아오는 것에 관한 겁니다. 부정과 반대되는 단어로서, 가장 문자 그대로의 의미에서의 창조성에 관한 의식으로 되돌아오는 것에 관한 거지요. 저는 이것 또한 페미니즘에서 배웠다고 느낍니다. 고장들을 갖고 있는 죽어야 할 몸과의 비-적대적인 관계를 주장하는 것 말이지요.

구디브 당신은 AIDS로 사망한 두 사람과 살면서 이것을 문자 그대로의 의미로 경험하셨어요. 냉소적이 되지 않으면서, 부정, 유한성,

일차적인 가족적 유대관계의 상실 등에서 벗어나려고 노력하는 게 분명히 매우 힘들었을 겁니다.

해러웨이 옳습니다. 「포스트모던 몸의 생물정치학」이 특히 그런 문제를 반영하고 있지요. 제 관점에서 볼 때 죽음의 긍정이 절대적인 기본이라고 생각해요. 죽음을 찬미하는 의미에서의 긍정이 아니라, 솔직히 말해서, 죽어야 할 운명이 아니라면 우리는 아무 것도 아니라는 의미에서 그렇지요. 달리 말하자면 죽음을 초월한다는 환상은 제가 좋아하는 모든 것과 반대됩니다.

제5장

아직도 토마토 위를 질주하는 말을 보지 않으려는 … 그를 바보(cretin)라고 생각할 것을 요구한다.

앙드레 브르통

사이보그 초현실주의

구디브 당신은 저작 전체에서 증거를 배열하고 비판 수준을 조정하지만, 어떤 다른 일도 하십니다. 제가 추측하건대 과학소설에서 시작되는 어떤 다른 일도 하시지요(혹은 그래서 당신이 과학소설을 좋아하는지도 모르지요). 당신은 사색합니다. 신화만들기를 통해 구체적으로 사색하지요. 이것은 물론 「사이보그 선언문」, 「포스트모던 몸의 생물정치학」, 그리고 『겸손한_목격자』의 경우 특히 사실입니다. 이 저술들에서 한 겹의 분석 — 즉 비판이나 관계를 밝히는 일 — 만 실행하는 게 아니라, 상상력을 사용하여 대안적인 존재론들을 건설하는

데 몰두하지요.

해러웨이 : 네, 사실이에요. 당신 말이 옳다고 생각해요. 과학소설이 저에게는 정치이론이니까요.

구디브 자연스럽게 옥타비아 버틀러(Octavia Butler)의 과학소설의 중심부로 들어왔군요. 처음으로 『완전변이 세대』(*Xenogenesis*) 시리즈를 접하게 되셨을 때 틀림없이 기이하게 느끼셨을 텐데요. 제 말은 그녀의 작품이 「포스트모던 몸의 생물정치학」 같은 에세이들에게 완벽하게 들어맞는 과학소설의 결과물이라는 겁니다.

해러웨이 제가 린 랜돌프에 대해 느낀 것과 상당히 똑같은 방식으로 옥타비아 버틀러에 대해서도 느꼈어요. 린이 그림에서, 그리고 제가 학문적 산문에서 하는 것을 옥타비아 버틀러는 산문 과학소설에서 하지요. 우리 세 명 모두 이동동물원 같은 곳에 살고 있고, 완전변이 과정들, 즉 융합 및 비자연적인 기원의 과정들에 관심이 있어요. 그리고 우리 세 명 모두 서사에 의존하고 있지요. 린은 고도로 서술적인 화가이고, 옥타비아 버틀러는 서술자이며, 당신이 언급하였듯이, 저는 특정한 종류의 신화적·허구적 서사를 제 전략들 중 하나로 사용합니다.

구디브 저는 형식, 특히 당신이 선택하는 글쓰기 양식에 관해 질문하고 싶습니다. 당신이 당신의 사상들에 도달하기 위해 사용하는 분석적 글쓰기 양식은, 어떤 점에서는, 또한 방해물이기도 한 것 같아요. 달리 말하자면, 문장별 구성 및 논법의 선형성(linearity)과 관념연상들(contiguities) 때문에 당신의 생각이 꾸준히 억제당하지요. 당신의 주장 전체가 독자들에게 다관계적이고, 다차원적이며, 연상적인 깊은 글읽기 ― 하이퍼텍스트 양식 ― 를 유지하도록 꾸준히 요구하니까요. 학술적 글쓰기가 아닌 다른 양식을 사용해본 적이 있나요? 혹은 사용하실 의사가 있습니까? 예를 들어 하이퍼텍스트 CD-ROM 말입니다. 혹은 이런 건 중요치 않나요?

해러웨이 저도 그 문제에 대해 생각해 본 적이 있어요. 그 문제가 물론 제가 책에서 가능한 한 많은 시각적 요소를 사용하는 이유이기도 하지요. 그러나 제가 능숙하게 잘 사용하는 게 결국은 단어라고 생각해요. 린 랜돌프와 한 공동작업은 저에게 매우 중요했고, 『겸손한_목격자』에서 산문에 또 다른 차원을 덧붙이고 있지요.

구디브 어떻게 그런 공동작업을 하게 되셨나요?

해러웨이 그녀는 육십 세이고, 휴스턴에 살고 있으며, 중앙아메리카 문제들과 관련하여 여러 해 동안 반전운동에 참여했어요. 1980년대 말 래드클리프대학의 번팅연구소(Bunting Institute)에 있었고, 거기에서 「사이보그 선언문」을 읽었대요. 그녀는 그 에세이에 대한 반응의 일환으로 사이보그를 그렸어요. 그리고는 제게 그 사진을 보내왔지요. 저는 그 사진을 보고 제가 얼마나 기뻤는지를 답장에 써서 보냈어요. 그 후 연락 없이 꽤 오랜 시간을 보내다가 우리는 다시 메일을 주고받기 시작했지요. 저는 그녀에게 원고를 보냈고, 그녀는 제게 슬라이드를 보내왔어요. 어떤 계획적인 연결고리도 없었어요. 저는 그녀의 그림들을 보곤 했고, 그들 중 몇몇은 정말로 제게 큰 영향을 주었어요. 마찬가지로 제 작업이 그녀의 그림 속으로 통합되어 들어갔지요. 그러나 그게 우리 두 사람이 어떤 하나의 주제를 놓고 공동작업하려는 의식적 결정이었던 건 결코 아니었어요. 예를 들어, 『겸손한_목격자』의 뒷면에 있는 이미지 — 〈실험실, 혹은 앙코마우스의 정열〉(The Laboratory, or the Passion of OncoMouse [1994]) — 는 저의 앙코마우스™ 주장을 들은 뒤 저와 그것에 대해 대화를 나눌 때 그린 게 분명해요. 그러나 그 그림을 본 후 저는 더 많은 글쓰기를 했어요. 그러니까 그런 관계가 우리 두 사람 간의 의견교환으로 발전된 거지요. 공동작업을 계획한 건 아니었지만, 실상은 꾸준히 공동작업을 하고 있었던 겁니다. 저는 그녀가 단지 삽화가 아닌 주장으로서 그 책에 시각적으로 기여했다고 생각해요.

구디브 마치 가톨릭 알레고리 같군요.

해러웨이 네, 우리 두 사람은 저의 "사이보그 초현실주의"와 그녀의 "은유적 리얼리즘"에 관해 농담을 주고받았지요.

구디브 저는 그녀가 사용하는 그런 종류의 리얼리즘 때문에 실제로 그 그림들과 문제를 갖고 있었어요. 이것은 단지 취향의 문제일 수도 있지요. 제가 보기에 그 그림들은 그녀의 역사적 컨텍스트를 지나치게 직역합니다.

해러웨이 미술에는 삽화 대(對) 예술, 교훈주의 대(對) 순수 예술 등을 구별하려는 너무 많은 강한 정열들이 있어요. 그녀의 그림들은 어떤 주제를 다루고 있음이 분명하므로, 교훈적이지요. 그 그림들은 솔직한 정치적 성질을 갖고 있어요. 그러나 제가 좋아하는 작품들인 〈수혈〉(*Transfusions*)이나 〈앙코마우스의 정열〉만큼 제가 좋아하지 않는 그림들에서 조차, 그녀가 설정하는 그런 종류의 병치들, 즉 DNA 가닥, 은하수, 마이크로칩 등과 서로 얽혀 있는 르네상스 공간 및 르네상스 지시물들의 사용을 좋아합니다.

구디브 실제로 제가 그녀의 이미지와 갖게 되는 문제는 앞에서 당신의 이론과 글쓰기 사이에서 주목했던 긴장과 관련이 있어요. 그 긴장은, 학술적 글쓰기의 양식에 필수적이지 않은 비유작업과 일종의 다차원적인 의미 활동이 — 혹은 하이퍼텍스트 시학이 — 당신의 사상들과 이론들을 조종하고 있음에도 불구하고, 당신이 분석적 학문 전통의 글쓰기를 선택함으로써 생긴 긴장이지요.[1] 랜돌프도 똑같은 모

---

1. "하이퍼텍스트는 내가 어용론, 제3부에서 강조하고자 하는 글읽기와 글쓰기 실천에 유용한 은유이다. … 가장 문자 그대로의, 가장 겸손한 하이퍼텍스트가 컴퓨터에 의해 중재된 색인 만드는 장치이다. 이 장치는 하나의 범주에 내재해 있는 여러 변수들 사이에서 많은 관계 숲들을 만들고 추종하는 일을 가능하게 해준다. 하이퍼텍스트는 사용하기 쉽고 구성하기 쉽다. 그리고 그것은 무엇이 무엇과 관련이 있는지에 관한 상식을 변화시킬 수 있다." 다나 J. 해러웨이, 『겸손한_목격자@제2의_천년.여성남자ⓒ_앙코마우스ᵀ를_만나다』(뉴욕: 러틀리지, 1997), 125쪽.

순에 갇혀 있어요. 그녀는 당신의 사상에서 끌어낸 이미저리와 "주장들"을 어구 그대로 해석하기 위해 일종의 화려한 하이퍼리얼리즘을 사용하고 있지요. 제가 이런 말을 할 때 강조하고 싶은 점은 아마도 당신들이 그런 모순들 내부에서 작업하고 있으며, 제가 지나치게 어구 그대로 해석하는 상상력이 없는 사람처럼 굴고 있는지도 모른다는 거예요!

해러웨이 저는 랜돌프의 리얼리즘에 관한 당신의 해석에 동의하지 않아요. 그녀가 형식과 내용의 만남을 전경화하기 위해 어떤 특정한 "리얼리즘" 전통들과 서술적·회화적 내용에 몰두해 있다고 생각하니까요. 그녀는 그림을 그리는 유일한 방법으로 추상적 형식주의의 강제적 명령들에 대한 저항을 채택하지요.

구디브 그것이 그녀가 "은유적 리얼리즘"이라는 말로 의미하는 건가요?

해러웨이 네, 그리고 그녀에게 그리고 나에게 이 은유적 리얼리즘 — 혹은 사이보그 초현실주의 — 은 기술과학의 과잉 공간입니다. 이 세계는 우리가 그 문법 속에 들어 있는지는 모르겠지만, 그 표현들을 구체화하고 능가하며 그 구문론을 폭파할지도 모르는, 그리고 폭파할 수 있는 세계입니다.

모든 것이 정체성과 생식의 드라마에서 유래되지 않는 "친숙하지 못한" 무의식, 즉 다른 원초경 (primal scene)을 이론화할 시간이다.

다나 J. 해러웨이

친숙하지 못한 무의식

구디브_ 당신은 『겸손한_목격자』의 끝부분에 이 사랑스럽고 암시적인 포스트스크립트™ — 앙코마우스™처럼 보이도록 보란 듯이 상표화하고 생물공학화한 것 — 를 배치하셨지요. 거기에서 당신은 "나는 혈연관계와 '가족'을 통한 유대관계 맺기에 염증을 느낀다. 나는 우정, 일, 부분적으로 공유된 목적들, 난치성의 집합적 통증, 피할 수 없는 죽어야 할 운명, 사그라지지 않는 희망 등등에 뿌리박고 있는 연대의식과 인간적 결합 및 차이의 모델들을 갈망한다"고 말합니다. 그 후 당신은 사이보그 초현실주의와의 관계를 더 깊이 끌어내는 "친숙하지 못한 무의식"의 이론화를 요청하지요. 달리 말하자면, 기술과학과 정보기술의 "실재계"(the real)[1] 속에서 산출된 도발적이고 발작적인 세계를 이론화할 것을 요구하지요. 기술과학과 정보기술이 정신분석학에서 이론화된 개인 무의식을 폐지시키지는 않더라도 급진적으로 재평가하도록 환기시키니까요. "친숙하지 못한 무의식"이란 개념에는 정신분석학에 대한 당신의 상반된 감정(ambivalence)이 들어 있어요. 즉 사이보그의 정신적 활력 특유의 무의식을 발견하고자하는 당신의 욕망이 들어 있지요. "다른 원초경"이라는 개념 속에 들어 있는 친숙하지 못한 무의식이라는 사상이 당신이 내내 연구해오던 사상인가요?

해러웨이 맞습니다. 그 사상은 결코 반-정신분석학적 진술이 아니에요.

구디브 저는 당신이 정신분석학에 대해 비판하면서, 농담조로, 핵가족보다는 차라리 양치류의 생식 실천에 기초하여 무의식의 이론을 발전시키겠다고 말한 걸 항상 기억합니다. 그 순간이 바로 제가 정신분석학의 한계 — 즉 정의상 정신분석학은 핵가족 모델의 경계를 받아들여야 하며 그 안에 머물러 있어야 한다는 한계 — 에 대한 당신의 좌절을 이해한 순간이었어요.

---

1. [옮긴이] 무의식에 관한 장이므로, the real을 실재계로 옮긴다. 즉 라깡의 상상계, 상징계, 실재계의 개념들을 따르는 것으로 해석한다.

해러웨이 맞아요 — 만약 우리가 우리의 관계를 비인간적인 관계까지 확장한다면 훨씬 더 많은 기괴한 가능성들이 생길 테니까요.

구디브 이런 컨텍스트에서 볼 때 당신의 친숙하지 않은 무의식이란 무엇입니까?

해러웨이 무의식이라 불리는 이론적 실재물의 개념은 유용한 이론적 대상이라고 생각해요. 우리는 우리가 어떤 곳으로부터 어떻게 약점이 찔리는지를 이해해야 합니다. 합리성과 의도성의 개념들은 너무 얄팍하여 이 개념들로는 문화분석에서 멀리 나아갈 수가 없어요. 이와 마찬가지로 저는, 무의식적 과정들에 주목하지 않고도, 합리성과 학문 같은 합리적인 지식-구축 실천들에 적절하게 응답할 수 있으리라고 생각하지 않아요. 그러나 저는 무의식의 과정이 단지 개개인의 과정이라고 생각하지 않는 게 분명합니다.

구디브 당신은 우리가 비인간과 융합함으로써 구축되는 무의식에 대한 새로운 역사화를 요구하고 계십니다. 당신은 가족과 혈연관계 구조에 염증이 났으며, 이런 구조에 대한 강조가 정신분석학의 문제 전체라고 말하고 있어요. 정신분석학은 특정한 종류의 인본주의에 대한 근본적 믿음에서 출발하니까요.

해러웨이 "친숙하지 못한"(unfamiliar) 무의식이란 단어를 문자 그대로 받아들여야 합니다. 그 단어는 가족(family)에 대한 것이 아니다

라는 뜻이지요. 인식론적으로 말하자면, 친숙한 것이라는 개념 전체가 가족을 의미하고, 바로 그 점이 그 문제의 일부인 겁니다. 다시 말하자면, 저는 그 단어로 단지 핵가족으로만 이루어지지 않은 세계 속에 우리가 억류되어 있음을 의미합니다. 그 세계에서는 잊어버린 역사들, 인간이 아닌 실재물들, 그리고 여러 종류의 관계들이 당신의 약점을 찌르지요. 당신의 약점을 찌르는 그 관계들은 현재의 우리를 만드는 관계들이며, 그 다음에는 우리가 만드는 관계들입니다. 그러므로 제 생각으로는 친숙하지 않은 무의식의 관점에서 이런 점을 사고해야 합니다. 저는 다른 식으로 그것에 대해 말하는 방법을 알지 못해요.

구디브 당신은 프레데릭 제임슨의 정치적 무의식과 그것을 어떻게 구별하시겠습니까?

해러웨이 제 생각에는 그것들이 자매인 것 같습니다.

구디브 친숙하지 못함을 강조하는 일이 즉각적으로 무의식적 가능성들의 다른 영역 전체로 우리를 데려간다는 점을 제외하고요.

해러웨이 그것은 특히 오이디푸스 설화에 관한 게 아니에요. 그것이 주된 강조점이 아닙니다. 오이디푸스 설화가 매우 흥미롭지 못하며, 중요한 일을 하지 못한다는 게 아니라, 거기에서 너무나 많은 작업이 이루어졌다는 거지요. 그리고 새로운 재료로 문화분석과 정신분석학

— 개별적이고 문화적인 — 을 하려는 충분한 시도가 이루어지지 않았어요. 오이디푸스 해석이나 혹은 반-오이디푸스 해석으로 쉽게 해석되지 않는 그런 관계성들에 관한 연구가 이루어지지 않은 거지요. 그런 일은 다른 일인데 말입니다.

구디브 그것이 현재 포스트-오이디푸스라고 불리는 거지요.

해러웨이 네, 저는 오이디푸스 언급을 완전히 배제하고 싶지만, 포스트-오이디푸스라는 개념이 그것에 대해 말하는 하나의 방법이 되지요. 저는 이런 모든 게 복잡하다고 생각하지 않아요. 단순한 거지요. 우정에 뿌리박고 있는 연대의식 및 차이의 모델들을 원한다고 말하는 것과 같아요. 이것은 제이와 러스틴과의 경험에서 나왔어요. 특히 제이와의 경험에서 나왔지요. 제이에게는 모든 "친숙한" 모델들이 문자 그대로 붕괴되었으니까요. 그것은 또한 일과 관련이 있고, 제자들, 이전 제자들, 그리고 동료들과의 관계들과 관련이 있어요. 우정을 통하여 지속되는 주체-형성과 재형성의 생기(liveliness) 및 치명성(deathliness), 즉 주체-형성과 재형성의 농도들(depths)과 관련이 있지요. 우리의 정신적 결정들을 알기 위해서는 어쨌든 친숙한 가족 장면으로 되돌아가야 한다는 게 저를 화나게 해요. 제가 우정에 대해 흥미를 갖게 된 건 우정들이 평가절하되고, 그것들이 애인과의 관계일 때만 의미심장하게 간주된다는 사실 때문이었어요. 진지하게 존중되는 — 생명을 결정짓는 — 유일한 종류의 친근함이 애인들 간의 친근함이에요. 그런 게 저를 화나게 해요. 우정, 일, 놀이 — 그리고 비인간들과의 연결고리들 — 에서 오는 친근함들은 절대적으로 필수적이니까요.

구디브 지금 당신이 언급하는 내용이 당신, 제이, 러스틴 그리고 제이의 애인 밥에게서 제가 받은 깊은 감명의 내용이지요. 커플 이데올로기는 그런 역학에 낯설어요. 제이는 러스틴과 함께 당신의 삶의 일부였어요.

해러웨이 물론 제 삶은 커플 역학에 의해 대대적으로 형성되었습니다. 그러나 그것이 이야기 전체는 아니고, 다른 것과 혼합된 거지요. 저는 근본적으로 제 친구들이자 애인들입니다.

사이보그들은 특별한 종류의 침해된 경계들에 관한 것이다. 이 경계들은 특수한 역사적인 사람들의 설화들을 혼동하기 때문에 침해된다. 이 경계들이, 무엇이 그 문화의 자연적·기술적 진화 서사들에게 중요한 독특한 범주로 간주되는가를 다루는 특수한 설화들을 혼동하기 때문에 침해된 것이다.

다나 J. 해러웨이

에덴동산에서 태어나지는 않았지만,
역사 속에서 태어난 것은 분명하다

구디브 사이보그로 옮겨가봅시다. 우리가 매일 살면서 부딪치는 삶의 문제들과 모순들 ― "난잡함과 더러움" ― 로부터 새로운 공식들과 관계들을 산출하기 위해, 당신이 어떻게 비판체계를 발전시키기로 하였는지 보기로 하지요. 사이보그 신화는 당신의 최고의 예증입니다. 사람들이 사이보그의 발생적 성질을 알지 못할 때, 즉 그것이 과거의 권력구조들(군사주의, 거대과학, 가부장제 등등)에 대한 반박일 뿐 아니라 사물들을 다르게 보려는 시도임을 알지 못할 때, 사이보그에 대한 거대한 해석 오류가 발생하지요. 유전자에 관한 토론에서처럼, 사이보그는 물체나 완성된 화두가 아니예요. 정의상 꾸준히 변형되고, 재사고되고 있지요. 혹은 당신이 예전에 표현한 것처럼, "사이보그는 가만히 있지 않아요."[1]

해러웨이 맞아요, 그것은 열려진 화두이고, 사이보그는 다양한 종류의 자매종(sibling species)들과 이런 진기한 가족관계를 맺고 있어요. 그것은 인간이 만든 의사소통 체계 양상들, 사이보그 실천에서 피할 수 없는 유기적인 것과 기술적인 것의 결합에 대해 생각하도록 만드는 비유작업입니다.

구디브 근래에 사이보그가 탈역사화되는 경향이 있어요. 사이보그 자체가 역사이고, 어떤 역사적 순간의 자손이므로, 역사적 과정과 관련지어 여러 다른 의미와 특징을 취할 것임을 이해하는 게 중요하지요.

해러웨이 절대적으로 그렇습니다. 그것은 여러 겹의 역사들을 갖고 있어요. 제가 사용하는 용어 그대로의 사이보그가 인간들과의 모든 종류의 인공적·기계적 관계들을 언급하는 게 아님을 완강하게 주장

---

1. "사이보그는 가만히 있지 않는다. 그들은 수세기 동안 존재해 오면서 이미, 사실과 허구 속에서, 게놈·전자의 데이터베이스와, 사이버 공간이라고 불리는 지대의 다른 거류자들처럼 제2질서의 실재물들로 변화하였다." 다나 J. 해러웨이의 「사이보그와 공생체: 신천지 질서 속에서 함께 살기」, 『사이보그 핸드북』, 크리스 헤이블즈 그레이 편, (뉴욕: 러틀리지, 1995), xix쪽을 참조하시오.

합니다. 인간적인 것과 인공적인 것 모두 구체적인 역사를 갖고 있어요. 우선 사이보그는 인조인간과 똑같은 게 아니에요. 인조인간은 실제로 훨씬 더 긴 역사를 갖고 있어요. 인조인간은 18세기의 기계인형들과, 기계모델들, 즉 구체적으로 인간의 동작을 모방하는 모델들을 만들려는 노력에서 나왔어요. 인조인간과 사이보그 사이에는 어떤 반향효과(echo chamber), 즉 연속성과 불연속성이 있지만, "사이보그"라는 용어가, 제2차 세계대전이 일어나던 시기와 그 직후에 역사적으로 가능하게 된 그런 종류의 실재물들을 구체적으로 지시하는 데 사용될까봐 걱정이 되는군요. 사이보그는 군사화의 역사들과, 정신의학 및 의사소통 이론들, 행동연구 및 정신약리학 연구, 정보와 정보처리 이론들 등과 결합된 특수한 연구 프로젝트들의 역사들과 친근하게 연관되어 있어요. 사이보그가 그런 특수한 매트릭스에서 출현하는 것으로 간주되는 건 필수적입니다. 달리 말하자면, 사이보그는 "태어나는" 게 아니라 매트릭스를 갖는 거지요!(웃음) 혹은 더 잘 표현하자면, 사이보그에게 어머니는 없지만 매트릭스가 있어요! 사이보그는 에덴동산에서 태어나지 않았지만, 역사 속에서 태어난 건 분명해요. 그리고 그 역사는 매끄럽지 않았고, 이제 거의 반세기의 나이를 먹었지요.

구디브 인조인간은 사이보그에 이르는 과정의 일부인가요?

해러웨이 네, 그러나 그것은 서사의 선택입니다. 사이보그가 인조인간의 후계자인, 즉 계승자인 연속성의 역사를 구축할 수도 있어요.

구디브 모더니즘과 포스트모더니즘을 구별해 주시겠습니까?

해러웨이 이것들이 모두 서술적 선택임을 아셔야 합니다. 역사 자체
가 이런 서사들을 결정하는 게 아니라 서사들이 역사를 형성하는 거
지요.

구디브 잘 표현하셨습니다.

해러웨이 그것은 우리가 앞에서 말했던 내용, 즉 사람들이 오직 하나
의 양상에만 집착할 때와 관련이 있어요. 예를 들어 사이보그를 하이
테크 애호가의 이상하고 묽어진 도취나, 혹은 모든 사이버 물체에 대
한 현란한 사랑(이것은 완전히 잘못된 거지요)으로 분류하는 사람들
을 말하는 겁니다. 혹은 그들은 군사주의에 새겨져 있는 것처럼 사이
보그가 단지 흉악한 비유라고 생각해요. 사이보그와 관련하여 제 흥
미를 끄는 것은 그것이 세계 속에서 그리고 세계에 대한 어떤 종류의
작업을 허용하면서, 동시에, 예기치 못한 일들을 하고, 모순적 역사들
을 해명한다는 점이지요.

한 장의 잎사귀처럼

구디브 경험적으로 말해서, 당신이 『사이보그 핸드북』에서 "사이보그학"(cyborgology)[1]이라고 부른 것, 혹은 소위 "사이보그성(性)"(cyborgness)이라는 걸 만나게 된 가장 심오한 계기가 무엇이었습니까?

---

1. 크리스 헤이블즈 그레이(Chris Hables Gray), 스티븐 멘터(Steven Mentor), 하이디 J. 피규로아-사리에라(Heidi J. Figueroa-Sarriera)의 「사이보그학: 인공두뇌 유기체들에 대한 지식 구축」(Cyborgology: Constructing the knowledge of cybernetic organisms), 『사이보그 핸드북』을 참조하시오.

해러웨이 오 저런!(웃음)

구디브 혹은 사이보그가 당신에게 구체화되고 있음을 기억하게 된 계기가 무엇이었나요?

해러웨이 글쎄요, 제가 얼마나 한 장의 잎사귀와 흡사한가를 상상하게 된 게 하나의 계기가 되었어요. 그때 저는 그런 상상을 하게 된 경위의 복잡성, 그런 상상에서 얻은 재미와 즐거움 ─ 그런 상상의 강도는 말할 것도 없고 ─ 을 확실하게 느꼈지요. 예를 들어 제가 얼마나 한 장의 잎사귀와 흡사한가를 이해시키는 여러 역사적 가능성들 속으로 이미 들어가 버린 기구사용, 학문연계성, 지식실천들뿐 아니라, 식물들과 동물들이 공유하는 분자구조에도 반해 있었어요.

구디브 그런데, 어린아이였을 때 그런 에피파니를 경험하셨나요? 혹은 성인이 되어서 비로소 경험하게 되셨나요?

해러웨이 저는 분명히 성인의 시각에서 말하고 있어요. 구체적으로, 생물과학적 사고방식의 깊은 영향을 받은 미학적-도덕적-물리적 통합의 순간들을 깊이 인식하게 되었던 성인시절을 말하지요. 연관성을 생각해 보자면 저는 유년시절 넘치도록 종교적인 의식을 갖고 있었어요. 그러나 소형모형들에게 반해 있었지요.

구디브 소형모형들이요?

해러웨이 인형의 집부터, 정교한 소형인간들의 세계를 상상하고 풀밭의 작은 형상들과 함께 노는 일까지, 모든 것 말이에요. 기본적으로 저는 소형세계에서 많고 많은 시간을 보냈어요.

구디브 그래서 당신이 아직도 분자·발생 생물학을 연구하고 있고, 문화체계들을 가장 작은 사례들까지 연구하고 있는 거군요. 과학이 당신의 의식 속으로 들어온 게 언제였습니까?

해러웨이 고등학교 시절 생물학과 화학을 통해 들어왔어요. 그러나 진정으로 들어온 건 대학 진학 후였다고 말할 수 있지요. 그때 영어와 철학과 함께 동물학을 전공하고 있었으니까요. 이 세 개는 모두 언제나 같은 주제의 일부분처럼 느껴졌어요.

구디브 당신의 이론은 생물학에 대한 관심으로부터 너무나 "자연스럽게" 전개됩니다. 그러나 당신의 분야에 있는 많은 사람들은 생물학과 과학에 관한 당신의 사고방식 때문에 크게 위협받고 있어요. 사실 이것은 아이러니컬하지요. 왜냐하면 당신의 시각은 생물학 세계에 대한 가장 심오한 이해와 구체화 덕분에 생긴 거니까요. 도대체 그런 이해가 왜 그렇게 위협적인가요?

해러웨이 당신이 당신 자신을 경험하는 일이나 과학지식을 만드는 일의 끊임없는 역사적 우발성에 관해 말할 때, 그걸 듣는 사람들은 상대주의나 혹은 순수한 사회구성주의를 듣고 있기 때문에 그런 불쾌

함을 느끼지요. 그런데 상대주의나 사회구성주의는 제가 말하는 내용이 전혀 아니에요. 그러나 바로 그런 종류의 환원주의가 계속 만들어집니다. 그리고 나서 그 사람들은 그런 분석을 생물학적 결정론처럼 읽기 때문에 위협을 느끼지요! 그 생물학적 결정론은, 그들이 사회구성주의자이고, 그래서 생물학적인 것이나 자연적인 것에 지나치게 많은 비중을 두고 싶어 하지 않기 때문에, 그들이 원하지 않는 종류의 결정론이에요. 저는 둘 다 그렇다 둘 다 아니다 식으로 말하려고 노력하지요. 그러면 많은 혼란이 발생하는데, 그다지 생산적인 종류의 혼란은 아니에요. 저는 끊임없이 역사적으로 특수한 세계와 상호작용하는 양식에 대해 말하고 있어요. 기술과학은 물질화된 기호현상입니다. 우리가 어떻게 세계와 함께 참여하고, 세계 속에 참여하는지를 보여주지요. 이것은 지식이 선택이라고 말하는 것과 똑같지 않아요. 이것은 당신이 잊을 수 없는 특수성이 거기에 있다고 말하는 거지요.

구디브 1986년 판 「사이보그들을 위한 선언문」에서 제가 좋아하는 구절 중 하나는, 당신이 경계들의 혼란 속에 있는 즐거움과 그 경계들의 구축 속에 있는 책임을 옹호한다고 말할 때입니다.

해러웨이 네. 제 작업은 여전히 그런 과정의 사례들에 관심이 있어요.

구디브 책임은 당신의 저작에서 가장 강력한 힘들 ─ 그리고 내용들 ─ 중 하나입니다. 여러 면에서 책임은 중심에 서 있어요. 당신의 저작에 중심이 있다면 말입니다. 책임은 당신의 모든 분석들이 매달려 있는 중심점이지요. 당신은 우리에게 20세기 말 기술문화의 모든 복잡성에 응답하도록 가르칩니다. 그리고 나서 이런 응답에 책임의 필요 조건들을 덧붙이지요.

해러웨이 글쎄요, 윤리적인 건 인간이지, 이런 비인간적인 실재물들이 아니에요.

구디브 비인간들을 낭만적으로 만들고 있다는 뜻인가요?

해러웨이 맞아요, 그런 건 우리가 조심해야 하는, 비인간 행위자들을 의인화하는 일입니다. 우리가 맺는 관계의 성질은 똑같은 종류의 존재로 이루어진 게 아니에요. 이런 세계들 내부에서 감정적·윤리적·정치적·인지적 책임감을 갖고 있는 건 사람들입니다. 비인간들은 수동적이지 않은 활동적인 자원이거나 산물이지요.

침팬지와 인공물에게도 정치가 있는데, 하물며 우리 인간에게 정치가 없어서 되겠는가?

다나 J. 해러웨이

비유작업의 이동동물원

구디브 가끔 저는 "사이보그"라는 단어를 대체할 다른 단어를 만나기를 원했어요. 지나치게 유행을 타는 듯이 보이지 않거나, 물신화된 것처럼 들리지 않는 단어를 원했지요. 이것이 혹시 당신이 최근의 작업에서 다른 비유들과 신화 용어들을 사용하며 하시는 일인가요?

해러웨이 당신은 제가 비유작업의 이동동물원과 함께 살고 있는 듯이 느끼고 있음을 잘 압니다. 그것은 제가 비판적-이론적 동물원에 살고 있으며, 사이보그는 단지 우연히 그런 동물원의 가장 유명한 일원이 된 거나 다름없다는 뜻이지요. 모든 거주자들이 동물인 건 아니기 때문에 "동물원"이라는 단어가 올바른 단어는 아니에요.

구디브 사이보그가 첫 멤버이지요?

해러웨이 제가 앞에서 암시하였듯이 영장류들과 사이보그들은 실제로 제게 같이 탄생했어요.

구디브 맞습니다. 그러나 영장류들이 지나치게 유명한 사이보그들 때문에 자주 빛을 잃지요. 사이보그의 명성이 당신을 괴롭히지 않나요? 명성은 만사를 왜곡시키지요. 사이보그에게도 그럴 겁니다.

해러웨이 네, 그러나 사이보그는 아직 너무나 많은 잠재력을 갖고 있다고 생각해요. 제가 작업하는 방식은, 하나의 용어가 명성 때문에 오염되어 적절한·적절치 못한 이런 모든 방식으로 사용될 때, 거기에서 그냥 퇴장하는 게 아니에요. 오히려 사이보그의 현실을 보다 세게 밀어붙이고 싶어질 뿐이지요. 사이보그의 "기원"들로 거슬러 올라가봅시다. 1960년 로클랜드 스테이트에서 완전한 자동-제어의 인간-기계 체계를 만들기 위한 프로젝트의 일부로 쥐에게 삼투펌프를 이식시켰지요.[1] 정보과학을 사용하여 유기적·기계적 과정들을 모두

---

1. 맨프레드 E. 클라인즈(Manfred E. Clynes)와 나단 S. 클라인(Nathan S. Kline)의 「사이보그와 공간」(Cyborgs and Space), 『사이보그 핸드북』, 29~33쪽을 참조하시오.

설명하도록 하였던, 노버트 위너(Nobert Weiner)[2]와 「인공두뇌학과 사회」(Cybernetics and Society)로 거슬러 올라가봅시다. 혹은 기술·대중 문화에 거주하는 사이보그 인물들에게까지 상상력을 뻗어봅시다. 의사소통이론의 영향을 받아 우리 스스로를 정보처리 장치나 독서기계 혹은 기호장치로 생각하게 되는 방식을 조사해 봅시다. 혹은 인공두뇌 통제체계가 군사정책을 만들거나 산업노동 과정을 만드는 방식을 들여다봅시다. "사이보그"는 우리가 매일 살고 있는 세계 속에서 여러 겹의 치명성뿐 아니라 여러 겹의 삶과 생기에 도달하는 방식입니다. 그러므로 너무 유명하다고 해서 그것을 포기하는 대신, 그것을 계속 밀고나가 의무를 다하도록 해야 하지요.

구디브 어떤 의미에서는 사이보그를 계속 기억하자고 말씀하시는 겁니다. 즉 사이보그의 복수 탄생 시점들과, 그 시점들이 어떻게 모두 연결되어 있는지를 계속 기억하자고 말씀하시는 거지요. 저는 "사이보그"를 제재(material)나 실체(substance) ─ 깊은 철학적 의미의 존재(*being*) ─ 라고 생각하기를 좋아합니다. 혹시 당신은 첫 번째 "사이보그" ─ 1960년 로클랜드 스테이트에서 개발되어 사이보그라고 명명된 삼투펌프를 가진 쥐 ─ 가 당신의 어머니가 돌아가신 해에 발

---

2. [옮긴이] 1894~1964. 미국의 천재 수학자. 미주리 주 컬럼비아 출생. 하버드에서 동물학 연구 후 코넬에서 철학연구. 하버드에서 수학적 논리로 Ph.D. 하버드, MIT 등에서 봉직. 인공두뇌학의 창시자. 그는 인공두뇌학을 "어떤 체계에 포함되는 두 종류의 변량이 있는데, 하나는 우리가 직접 제어할 수 있는 것이고, 나머지는 우리가 제어할 수 없는 것으로 한다. 이 때 제어할 수 없는 변량의 과거로부터 현재에 이르기까지의 값을 바탕으로 하여 제어할 수 있는 변량의 값을 적당히 정하여, 이 체계를 가장 바람직한 상태로 도달시키는 목적을 달성하기 위한 학문"이라고 정의하였다.

명되었다는 사실을 알고 계셨나요? 분명히 알고 계셨을 것 같은데요.

해러웨이 아니요, 사실 저는 그 두 사건을 연결시킨 적이 없었어요. (잠시 멈춤) 그것은 몽상적인데요. 매트릭스가 아니라, 죽는 존재인 실제 어머니이니까요. 당신도 알다시피 저는 「사이보그들을 위한 선언문」(A Manifesto for Cyborgs)을 쓴 후에야 1960년의 그 사이보그를 알게 되었어요. 크리스 그레이가 1980년대 중반과 후반 사이 언젠가 제게 그 논문을 주었지요. 그러나 당신도 알다시피 마지막 작품인 『겸손한_목격자』 이후 저는 결국 "물질적-기호적 실재물들"이라는 어구에 동의하게 되었어요. 제가 설명하고 있는 과정이라는 것이 결국 "물질적-기호적 실재물들"이고, 이 어구는 물질성과 기호현상의 절대적인 동시성을 강조하니까요. 깊은 우발적인 성질뿐 아니라 이 두 개 요소들이 서로에게서 탈출할 수 없음을 강조하지요. 그래서 기계를 언제나 전경화하는 특정한 화두들에서 틈과 접촉면을 조사하는, 사이보그들에 관해 글을 썼어요. 그 기계는 단순하게 아무 낡은 기계나 말하는 게 아니라 정보기계를 말하는 거예요. 단순하게 아무 낡은 정보기계나 말하는 게 아니라 통제체계와 관계가 있는 기계들을 말하지요. 이런 것들이 "사이보그"를 생각할 때 전경화되어야 하는 화두들입니다. "영장류"에 관해 생각할 때 인간과 동물, 자연과 문화, 인류학과 생물학, 제1세계와 제3세계 사이의 관계를 둘러싼 각종 화두들을 고려해야 합니다. 영장류의 역사성은 근대 서양의 팽창과, 박물관들의 수집목적의 원정들과 공존하고 있어요. 이것은 사이보그로 설명할 수 있는 역사와 다르지요. 당신이 더 길거나 혹은 더 짧은 역사들을 말할 수 없다는 게 아니라, 어떤 영역과 비교되는 어떤 다른 영역 속에서 특정한 종류의 역사들을 말하도록 요청받는다는 거예요.

구디브 어떤 점에서 유전자, 두뇌, 칩, 데이터베이스, 생태계, 인종, 폭탄, 태아(fetus) 같은 줄기세포들이 당신의 이동동물원에 적합한가요?

해러웨이 그들도 절대적으로 그 일부분입니다. 그 각각이 기술과학적 몸의 줄기세포예요. 따라서 기본적으로 그 기술과학적 몸 자체가 이동동물원에 포함되어야 합니다. 이 줄기세포들은 골수세포들과 비슷해요. 각 줄기세포로부터 전체 세계를 해독할 수 있어요. 저는 『겸손한_목격자』에서 8개를 지명하였으나, 그 목록이 열려 있음을 이해하는 게 중요합니다. 그것은 당신이 무엇을 목표로 하느냐에 달렸지요. 또한 각각의 것이 어떻게 다른 것의 원인이 되는가를 보여주는 것도 중요해요.

구디브 세포와 파라독사씨와 상당히 비슷한 것처럼 들리는군요. 이들 모두 상호의존적이지만 각각 분리되어 있으니까요.

해러웨이 그것은 여러 다른 양상들을 통해 들어가는 타로카드와도 약간 비슷해요. 이것이 이야기 전체라고 주장하고 싶기 때문이 아니라, 그것이 시작 지점이기 때문이지요.

앙코마우스는 생물공학과 유전공학의 설화 장(場) 속에 들어 있는 인물이다. 즉 모든 기술과학을 표현하는 나의 제유이다. … [그/녀]는 나의 형제자매이며, 보다 적절하게, 남성 혹은 여성이며, 그/녀는 나의 자매이다 … 기술과학에서 다른 지식 구축 도구들을 제작하는 일종의 기계장치이자, 유방암 유발능력이 있는 그 작고 유능한 쥐는 많은 다른 실험도구들처럼 팔러 내놓은 과학도구이다. … 무엇보다도 앙코마우스™는 세계에서 첫 번째로 특허 받은 동물이다.

다나 J. 해러웨이

앙코마우스™

구디브 당신이 살고 있는 그 이동동물원에 관해 더 알고 싶습니다. 사이보그와 영장류 외에 누가 그곳에 살고 있나요?

해러웨이 물론 앙코마우스™가 살고 있지요. 그/녀는 제3 영역에 있어요. 제가 『겸손한_목격자@제2의_천년』에서 많은 시간을 사고하며 전경화시킨 영역이지요. 앙코마우스™는 실제로 미국 특허청에서 특

---

3. [옮긴이] 그/녀; S/he에 대한 번역으로, 그/그녀(She/He)를 모두 지칭한다.

허를 받은 실제의 연구유기체예요. 그러나 그것 또한 비유작업이지요. 나의 실재물들— 영장류, 사이보그, 유전학적으로 계획된 특허받은 동물—은 모두 실제라는 일상적 의미에서 "실제"이지만, 또한 동시에 이 세계의 생활방식 속으로 호출된 일종의 서술적 호명(interpellation)과 연관된 비유작업입니다. 앙코마우스™는 다른 영역뿐 아니라 사이보그와 영장류가 하는 일들을 실제로 전경화하지요. 앙코마우스™는 특허를 받은 발명된 동물입니다. 특허를 받기 위해서는 무엇인가를 발명해야 하지요. 그러므로 그것에는 저자가 있어요. 누군가의 혹은 어떤 기업의 자손이자 재산권이고, 따라서 완전하게 양도가능하며, 완전하게 소유가능 합니다. 이런 의미에서 그것은, 자연을 재산을 산출하는 노동과 자연의 혼합이라고 생각한 로크의 순수한 자연개념과 일맥상통합니다. 그러므로 당신은 영장류 대신 동물-인간을, 사이보그 대신 기계-유기체를, 앙코마우스™ 대신 자연과 노동을 갖게 되지요.

구디브 앙코마우스™는 구체적으로 유방암 연구를 위해 종양을 키우는, 유전자가 이식된 생쥐인가요?

해러웨이 실제로 앙코마우스™는 이 점에서 퇴물이 되었어요. 그/녀는 케케묵은 구식이 된 거지요. 그러나 사이보그도 구식이에요. 저는 구식이 되는 것에 걱정하지 않아요.(웃음) 제 말은 우리가 이미 말했듯이, 사이보그가 우주탐사경쟁 시기였던 1960년에 우주탐사 경쟁의 일환으로 태어난 그 쥐와 함께 발명되었고, 앙코마우스™는 1988년에 발명되었다는 겁니다. 이것들은 모두, 우리가 현재 살아가고 있으며 시간이 너무나 응축되고 가속화된 이 세계에서, 매우 오래된 역사들이에요. 현재 개발 중에 있으나 아직 특허 받지 않은 너무나 많고 많은, 유전자가 이식된 유기체들이 있어요.

구디브 왜 앙코마우스^{TM}가 퇴물입니까?

해러웨이 그/녀가 일을 잘 못했기 때문이지요. 그/녀는 너무나 많은 자연발생적 종양을 갖고 있었거든요.

구디브 저는 최근에 신문에서 뼈가 없는 생쥐 개발에 관한 논문을 읽었고, 어젯밤 TV에서는 어둠 속에서 빛이 나도록 키운 생쥐들에 관한 또 다른 작품을 봤지요!

해러웨이 저는 아직 그런 것들에 대해 듣지 못했지만, AIDS를 연구하기 위해 사용된, 면역체계가 없는 생쥐는 분명히 있습니다.

구디브 『겸손한_목격자』에서 당신은 젠팜(GenPharm)사 사장인 데이비드 윈터(David Winter)가 연구를 위해 주문-제작되는 생쥐들이 너무 흔하므로 그들을 다이얼-에이-생쥐(Dial-A-Mouse)라고 부른다고 한 말을 인용하셨지요. 혹은 젠팜사의 다른 직원인 하워드 B. 로젠(Howard B. Rosen)[기업 개발 이새이 맞춤-제작되는 생쥐를 "유전자를 이식하는 캔버스"라고 묘사한 걸 인용하셨지요.[1]

해러웨이 네, 그것이 바로 여러 곳에 출몰하는, 유전학적으로 계획된 존재를 나타내는 비유로 앙코마우스^{TM}를 사용하는 이유예요. 그/녀는 샌프란시스코의 캘리포니아대학교뿐 아니라 뒤퐁기업과 하버드대학교의 일부이지요. 앙코마우스^{TM}는 실험실들을 위한 동물조달업의 일부일 뿐 아니라 AIDS 연구의 일부입니다. 사이보그와 유전자가 이식된 존재는 저의 문자화 작업방식을 보여주는 예들이지요. 혹은 더 나은 표현을 쓰자면, 비유작업과 문자화 간의 근심스러운 관계 사이에서 제가 작업하는 방식을 보여주는 예들이에요. 하나님께 맹세하건대, 저는 이것을 성찬중시주의에서 물려받았어요. 비유적인 것과 문자적인 것을 분리하지 못하는 제 성질은 성찬(Eucharist)과 가톨릭과의 관계에서 곧장 나온 거지요. 저는 당신께, 가톨릭교에 반대하여 신앙심을 잃었고, 그래서 정교한 비판을 발전시켰지만, 아직도 이론가로서 매우 가톨릭적인 감수성을 갖고 있다고 이미 말한 바 있지요. 은유의 문자적 성질과 상징화의 물리적 성질에 대한 근본적인 감수성 — 이런 모든 것이 가톨릭 신앙에서 나온 겁니다. 그러나 강조할 점은, 이런 감수성 — 내가 함께 살고 있으며 그 속에 살고 있는 이런 이동동물원이 의미하는 것 — 이 문자적인 것과 비유적인 것, 사실적인 것과 서술적인 것, 과학적인 것과 종교적인 것과 문학적인 것 등등이 언제나 내파되는 곳인 이동동물원을 제게 준다는 거지요. 그 단편들의 각각은 똑같은 게 아니므로, 그 나름의 철저한 작업을 요구합니다. 그러나 그들 모두는 과정들로서, 블랙홀에서 그러하듯이, 내파

---

1. 해러웨이, 1997, 98쪽.

되었지요.

구디브 앙코마우스^{TM}는 그런 감동적이고 혼란시키는 설화이군요. 유전자가 이식된 유기체란 정확히 무엇입니까?

해러웨이 유전자가 이식된 유기체란, 한 유기체의 유전자들이 또 다른 살아 있는 유기체의 게놈 속으로 이식되었을 때 만들어지는 실재물입니다. 그 결과물들이 유전자가 이식된 피조물들이지요. 유전자가 이식된 유기체들은 성장하여 이식된 유전자를 계속 옮기는 자손들을 번식시킵니다. 달리 말하자면, 이식된 유전자들이 수정란이나 정액을 통해 후속 세대에게 전달되는 거지요. 앙코마우스^{TM}는 신빙성 있게 유방암을 생산하도록 이식된, 인간의 종양을 생산하는 유전자 ─ 암(癌)유전자(oncogene) ─ 의 결과물입니다. 그래서 그 책에서 제가 그/녀의 존재와 사용에 동의하든 말든, 저와 제 자매들이 살 수 있도록 하기 위해, 그/녀는 반복해서 깊은 고통을 겪는다고 쓴 겁니다. 그리고 더 나아가, 제 자신의 몸속에 있지 않다면, 제 친구들의 몸속에라도 있을 것이 분명하므로, 언젠가는 앙코마우스^{TM}에게 은혜를 입게 되거나, 그/녀의 후속으로 계획된 동족의 쥐들에게 큰 은혜를 입게 될 거라고 썼지요.

구디브 참 재미있군요. 유전자 이식방법을 사용하여 새로운 종류의 생명형태를 제작하는 일이 상당기간 진행된 후, 결국 복제양 돌리가 나왔을 때, 대단히 큰 분노와 걱정이 분출되었지요.

해러웨이 유전자 이식은 훨씬 더 급진적인 기술이에요. 이 기술은 분자생물학자들이, 전혀 관계가 없는 유기체들로부터 관심 있는 유전자들을 제거할 수 있게 하지요. 예를 들어, 박테리아로부터 어떤 것을 제거하여 포유동물에게 집어넣을 수 있어요.

구디브 당신이 밝혀내는 사이보그 세계의 "무시무시한 새로운 네트워크들"2의 한 예이군요. 유토피아도, 디스토피아도 아닌 세계들이나 존재들의 한 예이지요.

해러웨이 말할 필요도 없이 단순히 평범하고 일상적인 거예요. 우리와 관련된 화두들이 언제나 오로지 궁극적인 것 ─ 유토피아의 이상 대(對) 디스토피아의 악몽 ─ 에서 발견되는 건 아니에요. 기술과학의 일상적 차원들 또한 복잡하지요. 그러나 어떤 경우에도 유용한 작업은, 새로운 종류의 통증을 만들어내는 대가(代價)를 치르며 발생해요. 사실 현재 기술과학에 종사하는 사람들이 다른 동물들 및 다른 유기체들과 관계를 맺는 여러 새로운 ─ 혹은 적어도 변화된 ─ 방법들이 있어요. 우리 자신이나 다른 유기체들을 우리 자신의 목적에 맞는 도구로 변질시키는 방법을 더 깊이 있게 만드는 작업을 해왔다는 뜻입니다. 국제지적재산권법 문제들은 훨씬 더 논쟁적이지요. 앙코마우스™ 같은 유기체들이 국제적인 범위에서 특허를 취득할 수 있을까요? 그

---

2. 다나 J. 해러웨이, 「사이보그 선언문: 20세기 말의 과학, 기술, 그리고 사회주의적-페미니즘」, 『유인원, 사이보그, 그리고 여자: 자연의 재발명』(뉴욕: 러틀리지, 1991), 161쪽. [한국어판: 민경숙 옮김, 동문선, 2002, 289쪽].

리고 어떻게 가능할까요? 미국특허청이 유전학적 유기체에게 특허를 수여했다 하더라도 국제적으로는 여전히 매우 논쟁적인 화두이지요.

구디브 논쟁방향이 무엇입니까?

해러웨이 유럽, 특히 독일은, 녹색당의 영향력을 통해 동물권리 정치의 컨텍스트 내에서, 유전자 이식에 대한 특허수여 및 다른 생물공학 산물에 상당히 저항하고 있어요. 토착민 주권운동(indigenous sovereignty movements) 또한 그런 특허에 활발하게 반대했지요. 생물의 다양성을 둘러싼 재산권 관계에 대한 갈등은 『겸손한_목격자』에서 큰 주제입니다.

구디브 예를 들자면?

해러웨이 인간 게놈 다양성 프로젝트(Human Genome Diversity Project)에 대한 논쟁은, 다양한 그룹의 인간들이 분석을 위해 자신들의 유전적 재료를 수집하는 일에 협력할 것인가, 안 할 것인가의 문제와 관계가 있지요. 또한 상업적 이용을 둘러싼 각종 문제들이 있어요. 다양한 지리적·문화적 지역들에서 행해지는 연구들이 개발한 약들로 이익을 얻는 사람은 누구일까요?

구디브 일단 어떤 것이 상표로 등록되면 어떤 일이 벌어지나요?

해러웨이 저는 상표 등록에 대해 말하고 있는 게 아니에요. 상표 등록은 그 대상의 품질을 보증하는 방법일 뿐이에요(이것은 보증법이지요). 특허법은 그 존재 자체에 특허를 줄 뿐 아니라, 유전자가 이식된 존재들의 생산과정을 보호하는 일(재산으로서)에 개입하지요. 앙코마우스™의 경우에 그 특허권은 두 명의 연구원들에게 발행되었는데, 그들은 그 특허를 하버드 기업에게 양도했고, 하버드 기업은 뒤퐁에게 허가권을 주었지요. 이것은, 그 특허권이 유효한 동안에는 아무리 오랜 시간이 흘러도, 대가를 지불하지 않고는, 어느 누구도 그 과정이나 이런 동물들을 이용할 수 없음을 의미합니다. 그러므로 기본적으로 특허권은 특수한 기술적 과정들과/혹은 대상들의 사용 대가를 지불하는 것으로 끝나지요. 이런 식으로 이론상 특허는 혁신을 유발시키고 보호하는, 두 가지 일을 해요. 발명가는 그 발명에 대한 이익을 얻는 인센티브 때문에 고무되고, 사회는 발명품이라는 급부금을 얻지요. 적어도 그것은 철학입니다.

구디브 특허가 없어도 이런 많은 문제들이 여전히 존재할 것 같은데요.

해러웨이 맞아요. 특허는 그 문제의 단편에 불과합니다. 그러나 물질화된 상징화 — 세계의 한 영역에서 재료들을 추출하여 다른 곳에서 이익을 수확하는 것 — 때문에, 그것은 특히 논쟁이 많은 부분이지요. 예를 들어, 인도에서는 물질들을 추출하는 것과 관련된 님나무 (Neem tree)에 대한 논쟁들이 있어요. 이 물질들은 인도에서 오랫동안 민간요법에서 사용되었지만, 제1세계의 실험실로 돌려보내져, 다양하게 처리되어, 팔 수 있는 제품으로 변화되고 있어요. 지금 어떤 상업적 이익도 그 재료를 공급한 국가로 돌아가지 않습니다. 그러나 이와 같은 상황에서 도둑맞은 건 단지 "자원"의 출처가 아니라, 지식입니다. 그런 게임의 모든 단계에서 그런 "천연" 재료 속으로 지식이 구축되어 들어가니까요.

구디브 정확히 그렇습니다.

해러웨이 그래서 여기에서 주권문제가 개입됩니다. 누구의 지식이 중요성을 가지게 될 것인가? 누가 공동작업자로 혹은 단지 원료로 간주될 것인가? 특정 우림지역에 제약적 중요성이 있는 재료들이 있다고 가정합시다. 그리고 그 지방 특유의 식물체에 대해 잘 아는 그 지방의 치료사와 작업을 하고 있다고 가정합시다. 그 사람의 전문지식은 이런 체계 속에서 얼마나 인정을 받을까요? 그리고 그 사람을 배출한 공동체가 개별주의적 재산권에 따라 살지 않는다면 어떻게 하겠습니까? 그 그룹의 사람들이 존재하고 있는 국가는 또 어떻게 합니까? 그들이 종속되어 있는 소수인들이면 어떻게 합니까? 브라질이나 코스타리카의 국가정부가 국가적인 동의를 했다 하더라도, 대(大) 제약회사는, 문제가 되고 있는 그 지식과 재료를 실제로 갖고 있는 그룹의 사람들을 위해, 작업할 수도 혹은 작업하지 않을 수도 있습니다. 그러므로 그들을 어떻게 보호하시겠습니까? 그들은 그 체제 속으로 포함되기를 원할까요 혹은 원하지 않을까요?

구디브 그러면 앙코마우스™의 컨텍스트 속에서 사이보그 윤리나 주체성은 무엇입니까? 주체와 객체의 경계가 흐려질 때, "우리"와 "그것"은 어디에 있나요? 이것은, 유방 종양을 발생시키는 생쥐를 "발명하도록" 누가 결정하게 되는가의 문제처럼, 사이보그들과, 유전자가 이식된 유기체들과 관련된 윤리문제가 됩니다.

해러웨이 네. 문제는 이런 모든 문장들 속에 들어 있는 "그것"이 살아 있는 존재임을 기억해야 한다는 거지요. 그리고 린 랜돌프의 그림 〈실험실, 혹은 앙코마우스의 정열〉 속에서 그 살아 있는 존재의 머리 위에 가시면류관이 씌어진 게 우연한 일이 아님을 기억해야 합니다.

구디브 앙코마우스™가 지나가도 저는 그것이 유전학적으로 계획된 생쥐인지 모를 텐데요.

 해러웨이 재미있는 지적인데요. 여기 나의 사무실이나 집에는 살아 남을 수 있는 생쥐들이 있을지 모르지요.(웃음) 그러나 앙코마우스™는 그들 중 하나가 되지 못할 겁니다. 앙코마우스™의 자연적인 서식지는 실험실이기 때문이지요. 그것이 그 비유작업의 흥미로운 부분이에요. 진화사(進化史)의 그 장면은 실험실입니다. 그리고 그 존재조건은 유성생식, 즉 생쥐들의(포유동물의) 진화사일 뿐 아니라, 유전자 전이기술의 발전사입니다. 물론 그들은 완전히 "자연스럽게" 번식되지만, 오로지 그 제품의 품질을 보증하는 상표와 함께 앙코마우스™

로서 계속 팔리도록 번식됩니다. 그들은 그 유전자가 유전되고 있고 세포분열을 통해 상실되지 않았는지 확인하는 검사를 꾸준히 받아야 해요. 이 검사는 실험실 실천을 통해서만 밝혀질 수 있는 과정이에요. 그래서 앙코마우스™의 정체성 유지는 또한, 진행되는 일련의 노동에 그 기반을 두고 있어요. 그런 일련의 노동이 없다면 앙코마우스™도 없어요. 일련의 노동이란, 그 유전자들이 여전히 똑같은 것인지 검사하고 확인할 수 있도록 그들에 대한 후속 정보를 저장하는 정규적인 노동, 실험실 기술노동, 유전자은행 노동 등을 말합니다. 그것은 마이크로프로세서 칩의 품질을 검사하는 일과 어느 정도 비슷해요. 특별한 마이크로프로세서 — 펜티엄칩이나 그와 유사한 것 — 로서 팔리는 칩은 특정한 특징을 갖고 있기 때문에 펜티엄칩으로 팔리는 거지요. 그것이 특정한 특징을 갖고 있는지 아는 유일한 방법은 테스트 과정이 있는지 확인하는 거예요. 그것이 생산하는 것이 그 이름과 그 상표를 보증하는지 확인하는 겁니다. 이와 유사하게 앙코마우스™ 상표는 — 문자 그대로 — 정체성을 위해, 생쥐 자체가 능동적인 파트너가 되는 일련의 노동과정에 의존하지요. 그러므로 법정에서 만들어지는 것과는 사뭇 달라요. 앙코마우스™는 유전학적으로 계획되었으나, 원숭이 같이 실제 서식지에서 사는 실제 동물이 아닙니다.

구디브 앙코마우스™는, 당신이 비판하는 기술과학의 이데올로기에 너무나 필수적인 기독교의 비유적 리얼리즘의 한 예이기도 해요. 『겸손한_목격자』에서 당신은 "그/녀의 전제는 결정적으로 세속적이지만, 그/녀는, 어떤 의미에서는, 기독교 리얼리즘 안에서 발전한 비유이다; 그/녀는 우리의 희생양이다; 그/녀는 우리의 고통을 인내한다; 그/녀는 문화적으로 특권적인 구원 — '암 치료' — 을 약속하는 역사적으로 특수한 강력한 방식으로, 우리의 죽어야 할 운명에 대해 의미작용을 하고 규정한다."[3]고 쓰셨지요. 이것은 우리로 하여금 사이보그 주체성의 윤리로 되돌아가게 하는군요.

해러웨이 그리고 육체(flesh)로 되돌아가게 하지요. 저는 사이보그 윤리가, 이런 말들에 책임지는 우리의 태도에 관한 거라고 생각해요. 그러나 극단적으로 단순하게 "그것에 찬성해 혹은 반대해"의 식으로 말하는 건 아니에요. 당신은 저항 대(對) 공모에 대해, 순진하게 정치적인 과감한 태도(political heroics)를 취할 수 없어요. 여기에서 일어나야 할 일은 많은 종류의 매개행위(agency)뿐 아니라 교양들(literacies)을 고무시켜야 한다는 거예요. 교양과 매개행위는 당신이 갖고 있는 물체들이 아니라, 당신이 하는 일들이지요.

구디브 그러므로 유전자 이식에 착수하는 책임 있는 방식은, 유전자 교차(cross-gening)의 이런 상황들을 학습의 계기로 이용하는 것인지도 모릅니다. 즉 이런 유기체들이 어떻게 행동하고, 활동하며, 작업하고, 살아가며, 느끼는지 등등을 배우고, 그리고 유전자가 이식된 형태들과 세계들을 창조하기 위해 가장 책임 있는 방식이 무엇일 수 있는지 배우는 계기로 삼는 거지요.

---

3. 해러웨이, 1997, 79쪽.

해러웨이 네, 그것이 한 양상이 될 수 있어요. 예를 들어 누가 이득을 보는지에 관한 질문을 해보는 겁니다. 앙코마우스™가 인간을 암의 고통으로부터 정말로 해방시키는가? 혹은 암들이 실제로 오고 있는 곳에 주의를 기울이지 않는 데 대한 또 다른 하이테크 구실은 아닌지 등의 의문을 해보는 겁니다. 혹은 이 둘 모두 사실인가? 이 세계에서 누가 배고프며, 유전자 이식은 그 문제를 다루고 있는가? 저는 유전자 이식에 관해 "누구를 위한 것인가?"(Cuibono?)라는 의문을 ― 리 스타(Leigh Star)의 표현을 사용하자면 ― 제기해야 한다고 생각해요. 누구를 위한 것인가?[4] 유기체의 고통은 그런 의문의 일부입니다.

구디브 실험실 연구를 위해, 살아 있는 존재들 ― 유전자 이식이 된 것이든 아니든 ― 을 이용하는 문제에 대한 당신의 입장은 무엇입니까?

해러웨이 저는 실험실 연구를 위해 동물들을 이용하는 데 반대하지 않아요. 그러나 그런 이용이 매우 조심스럽게 한정되어야 한다고 생각해요. 여기에는 제기되어야 할 합리적인 도덕적·감정적 의문이 있어요. 얼마나 많은 고통이 있고, 그 고통을 누가 인내하며, 나는 그 것에 어떻게 반응하는가 등의 의문이 있지요. 결국 그런 고통의 양은

---

4. 수잔 리 스타, 「관습의 권력, 기술, 그리고 현상학: 양파 알레르기에 대하여」(Power, Technology, and Phenomenology of Conventions: On Being Allergic to Onions), 『괴물의 사회학: 권력, 과학기술, 그리고 근대세계』(Sociology of Monsters: Power, Technology and the Modern World), J. 로(J. Law) 편, (옥스포드: 바질 블랙웰), 34쪽.

잴 수 없으며, 도덕적 판단은 본질적으로 양적인 계산이 아니라 관계에 대한 책임인식이에요. 저는 동물연구를 지지하지만, 그것에 반대하는 사람들을 존경해요. 동물연구는 우리가 얼마나 심각하게 순진하지 않은지, 그리고 순진할 수 없는지를 이해시키는 또 다른 방법이지요.

좋든 싫든 간에 흡혈귀들은 인종차별된 역사적·국가적 무의식 속에서 범주변형의 벡터들이다.
다나 J. 해러웨이

흡혈귀 문화

구디브 흡혈귀는 당신의 이동동물원에서 낯설어요. 사이보그와 달리 19세기의 인물이므로, 프랑켄슈타인의 괴물과 더 흡사하기 때문이지요. 그러나 당신에게 또 다른 주요인물이지요.

해러웨이 『겸손한_목격자』에 등장하는 흡혈귀는, 인종에 관한 생물학적 이론들의 컨텍스트 내에서, 구체적으로 인종과 관련이 있어요. 저는 그것을 이용하여, 피와 혈연관계에 의해 전수된 인종·국가·자연·언어·문화의 경계들 및 공동체들이 어떻게 미국의 대중적 인종주의에서 사라진 적이 없는지 설명하지요. 이런 컨텍스트 내에서 저는 흡혈귀에 대해, 결혼 초야에 혈통을 오염시키는 사람으로, 그리고 본질을 불법으로 유통시켜 범주변형을 초래하는 사람으로 관심을 갖고 있어요. 흡혈귀는 인종적·성적 혼합을 약속하고 위협하는 인물이에요. 흡혈귀는, 순수한 척하는 것은 무엇이나 전염시키는 예증행위 속에서, 피를 마시고 주입시키는 인물이지요. 흡혈귀가 정상으로 되돌아 온 사람을 정보원으로 이용하고, 그런 오염된 음식이 영양이 많다고 생각한다는 걸 기억하세요. 흡혈귀는 죽지 않으며(undead), 자연법칙에 반하며(unnatural), 사악하게도 부패되지 않아요. 이런 의미에서 좋든 싫든 간에 흡혈귀들은 인종차별된 역사적·국가적 무의식 속에서 범주변형의 벡터들이에요. 일단 흡혈귀가 당신의 피를 마시면 당신은 이전과 똑같은 종류의 실재물이 아니에요. 흡혈귀는 우리의 서술실천에서 가장 강력한 인물들 중 하나인 것 같아요. 왜냐하면 우주, 즉 폐쇄적인 유기공동체를 전염시키는 인물이니까요.

구디브 흡혈귀 전염은 또한 생식의 일종이지요.

해러웨이 정확히 그렇습니다. 흡혈귀는 단지 피만 들이마시는 게 아니라, 그가 피를 들이마신 사람을 전염시키고 그럼으로써 다른 흡혈귀 존재들을 만들지요. 이런 모든 종류의 오염된 사람들은 인종의 그리고 인종차별주의의 사상들과 친근하게 연결되어 있어요. 다른 이미지들과 달리, 비유작업으로서 흡혈귀는, 당신이 지적하였듯이, 과학과 기술로부터 나오는 게 아니라 대중문화로부터 나오지요. 시각들을 약간 다르게 변화시키면, 흡혈귀 이미저리 및 성병의 역사와, 그것이 유대인들을 연상하게 되는 방식 및 매독의 유대인다움이라는 끔찍한 인종차별주의적 우회 사이에 연결관계가 있음을 알 수 있어요. 이렇게 흡혈귀를 근본적으로 인종차별하는 관습은 중앙유럽에서 건너 왔어요. 그 관습은 기술과학이 거주하는 기독교 서사들의 일부이지요.

구디브 『겸손한_목격자』에서 당신은 기이한 도표를 만들어요. 그 도표는 실제로는 흡혈귀만의 세계나 체제로, 20세기의 세 시기(1900~30년, 1940~70년, 1975~90년)를 가로지르며 주요 변형들을 주기적인 것으로 만듭니다. 당신은 그것을 혈연관계 체계라고 부르지요.[1]

해러웨이 그 도표에서 제가 보고 있던 것은 세 종류의 담론대상, 즉 인종(1900~30년); 인구집단(제2차 세계대전부터 1970년대 중반까지); 게놈(1970년대 중반부터 현재까지) 등이었어요. 이것들은 생물학, 생의학 담론, 인류학 담론 그리고 진화이론 등에서 발생하는 지식대상들이지요. 그 도표의 기본 주장은 생물학이 특정한 종류의 실재물 — 종(種)으로서의 호모사피엔스(*Homo sapiens*) — 을 생산한다는 거지요. 달리 말하자면, 생물학은 그 종(種)을 담론적으로 번식시키는 일을 합니다. 물론 그 종은 여러 차이로 구성되어 있어요. 그래

---

1. 다나 J. 해러웨이, 「흡혈귀 문화 속의 보편적인 혈액 제공자들: 20세기 미국의 생물학적 혈연관계 범주들」(Universal Donors in a Vampire Culture: Twentieth-Century U.S. Biological Kinship Categories), 『겸손한_목격자』, 219~29쪽.

서 분류학적 대상을 수립하는 일에서 유사성과 다양성의 배열은 대상-종(種)을 구축할 때 중요하지요. 혈액 그룹, 유전자 빈도, 두개골 측정기 같은 측량 실천들이 모두 20세기 전반에 걸쳐 여러 다른 시기에 발명되었어요. 그 도표에서 저는 실제로 매우 관습적인 종류의 주기화를 단행했어요. 마치 이런 기간들이 정말로 서로 분리된 것처럼 역사적 서사들을 이야기한 겁니다. 저는 이런 것들을 가로지르는 연속성들이 있음을 분명하게 이해하고 있지요. 그러나 그것들을 논쟁적이 되도록 설정하기로 했어요. 인종은 인종의 순수함과 유형이라는 개념들과 밀접하게 연결되어 있으니까요. 예를 들어, 1905년 테오도르 루즈벨트는 충분한 아기를 낳지 않은 백인여자들을 상대로 인종자살 소송을 제기했어요. 1905년 루즈벨트는 국가에게 한 연설에서, 백인 중산층 여자들이 충분한 아이들을 낳지 않으면 그 인종에 상당히 중요한 결과가 생길 거라고 경고했지요. 그 인종(백인)이 남부와 동부의 이민자들에 의해 압도당할 거라고 말한 거지요. 그리고 어리석게도 그는 그것을 인종자살이라고 생각했어요. 저는 20세기 말 게놈담론이 1910년대와 1920년대의 우생학 담론과 똑같지 않다고 주장하고 싶어요. 호모사피엔스 내의 다양성과, 그런 차이들의 인종차별화를 둘러싼 동시대의 화두들이, 생물학과 의학의 관점에서 볼 때, 1910년대와 똑같은 방식으로 작용하지 않는다고 주장하고 싶어요. 이것은 인종담론을 들여다 볼 수 있는 창문 전체는 아니지만 중요한 창문이에요.

구디브 20세기 초는 미국에 대량이민이 발생한 시기였어요.

해러웨이 맞아요. 그 당시 동부해안지대의 걱정은 남부와 동부 유럽 ─ 유대인들, 이탈리아인들, 가톨릭교도들 ─ 으로부터의 유입이었지요. 서부해안지대의 걱정은 물론 중국인, 일본인, 필리핀인 집단들이었어요. 그래서 미국 인종차별주의 담론은, "인종자살" 시기에는, 근본적으로 흑인과 라틴 집단들에 관한 게 아니었어요. 그 시기의 백인종은 백인 앵글로-색슨 신교도(White Anglo-Saxon Protestant)[2] ─ 소위 토착민 종족(native-stock) ─ 로, 물론 아일랜드인들을 포함시키지 않았지요. 세기가 바뀌던 당시의 "토착민"은 백인을 의미했으나, 보다 구체적으로 WASP를 의미했으니까요. 그들에게는 인종에 대한 의무 ─ 인종적 순수함, 인종 유형, 인종적 건강, 공중위생 ─ 가 있었어요. 개인적인 유전병들, 개인의 우생학적 선택의 문제들 ─ 예를 들어 가계의 우생학적 건강 ─ 이 물론 있었지만, 그것은 훨씬 조합주의적이고(corporatist) 비개인주의적인 담론이었어요. 거의 반-개인주의적 담론이었지요. 반면 1990년대의 유전학 담론은 훨씬 더 개인주의적이에요. 훨씬 더 자기-극대화에 관한 거지요. 훨씬 더 개인적인 자기-결정과 우리만의 유전적 혈통 및 재산권의 소유에 관한 거예요. 나의 유전자, 내 자신, 나의 투자, 나의 미래 등등. 그것은 훨씬 더 엄격하게 자본주의적이지요.

구디브 옳습니다. 그러므로 제기되는 모든 진보적 비판이 개인선택

---

2. [옮긴이] 백인 앵글로-색슨 신교도(White Anglo-Saxon Protestant)에서 영어단어의 첫 문자를 진하게 표시한 것은, 바로 아래에 나오는 WASP와 동일한 것임을 알리기 위해 옮긴이 임의로 한 것이다.

을 증진시키는 일에 관한 거예요.

해러웨이 네, 모두 개인보호에 관한 것이므로, 앞으로 보험이나 그와 비슷한 것에 의해서는 차별받지 않을 겁니다. 그것은 모든 자유에 관한 문제들에 적용되는 고려사항들을 배열해놓은 거지요. 즉 접근, 사생활 침해에 대한 보호, 특허권 문제들이 모두, 지식선택과 지식접근 — 즉 충분히 정보가 제공된 선택을 할 수 있을 만큼 충분히 아는 것 — 에 관한 문제가 되도록 선택권을 극대화하는 일 등등인데, 이런 문제들은 "이미 인식된" 문제들이며, 담론적 구속들 내에서 합리적인 문제들입니다.

구디브 어떻게 개입해야 유전적 집단 담론으로 되돌아가지 않나요?

해러웨이 많은 방법이 있어요. 한 가지 방법 — 가장 단순한 수준의 방법으로 비판을 통한 거지요 — 은 게놈담론이 얼마나 투자담론인지 특히 개인 극대화 담론인지를 지적하는 겁니다. 이와 동시에 1990년대 말의 우생학 형태에 관한 염려가 있어요. 예를 들어, 짧은 신장을 교정하기 위해 유전자 요법을 실행할 수 있다는 그런 것에 대한 염려이지요. 성장호르몬이 이미 그런 목적을 위해 사용되고 있어요. 그러나 우리가 맞춤주문한 몸을 갖는 세계를 상상해 보세요. 이것은 개인적 자기-극대화 수준의 우생학이 될 겁니다.

구디브 선택권 관한 이와 똑같은 주장들에 근거를 둔 우생학적 성형

수술이란 게 있지요.

해러웨이 네, 우생학적 성형수술이 바로 그런 게 되겠네요. 그러나 제가 게놈연구에 반대하는 건 결코 아니에요. 저는 그것이 절대적으로 거대한 생물학적 중요성을 갖고 있다고 생각해요.

구디브 이 문제는, 유전학 연구가 자본주의 경제와 충돌하고 융합하는 문제와 더 가까운 듯이 보입니다.

해러웨이 맞아요. 자본화의 가장 문자 그대로의 의미는, 게놈이 진보된 자본주의의 규제제도들 내에서 재산이 된다는 거지요.

구디브 그것은 또한 존재론적 문제이기도 합니다. 유전자와 자기(self)가 너무나도 얽혀 있는데, 어떻게 유전자를 고침으로써 나 자신을 고친다는 식으로 생각하지 않겠는가? 라는 의미에서 그렇지요.

해러웨이 맞아요. 우리는 더 이상 "나의 몸, 나 자신"의 시대에 살고 있지 않아요. "나의 유전자, 나 자신"의 시대에 살고 있지요. 어떤 특정한 가계(families)들이 심장병이나 알코올 중독이나 조울증에 걸릴 유전적 소질을 갖고 있다고 말하는 건 문제가 되지 않아요. 저는 이런 종류의 판단들에 어떤 본질적인 문제가 있음을 보지 못했어요. 물론 헌팅턴 무도병, 낭포성 섬유증, 겸상 적혈구성 빈혈 등은 유전병으로 매우 잘 간주되고 있어요. 문제는, 유전병이 어떻게 발전하며 어떻게 형성되는지에 관한 전반적인 컨텍스트 내에서 유전병을 이해하는 데 있습니다. 유전자들은 혼자서는 어떤 것도 만들지 못해요. 혼자서는 어떤 것도 결정하지 못합니다. 특정한 유전적 성질을 갖고 있으면 특정한 유전병을 갖게 되지 않을 방법이 없을 지도 모르지요. 그러나 저의 주장은, 유전병들이 중심이 되는 세계에 있다는 것이 무엇을 의미하는지 다차원적으로 이해해야 한다는 거예요.

목격은 보는 것이고; 증언하는 것이며; 서서 공공연하게 자신이 본 것과 묘사한 것을 해명하는 것이며, 자신이 본 것과 묘사한 것에 심적으로 상처받는 것이다.

다나 J. 해러웨이

겸손한 목격자

구디브 그런 다차원적인 이해가 당신의 실뜨기놀이 개념이 나오는 곳, 즉 반인종주의자, 페미니스트, 기술과학에 대한 다문화적 연구 등등이 나오는 곳인가요?

해러웨이 그것은 참을 수 없는 비난들 중 하나예요!

구디브 저는 다만 그 실뜨기놀이가 당신에게 또 다른 비유인지, 혹은 방법론인지 묻고 있는데요?

해러웨이　글쎄요, 실뜨기놀이는 게임이므로, 소문자 "m"의 방법론 (methodology)이라고 생각해요. 그것은 작업방식이면서, 작업에 관해 사고하는 방식으로, 과학연구를 하는 사람들은 페미니즘 연구와 문화연구를, 그리고 페미니즘 연구와 문화연구를 하는 사람들은 과학연구를 더 깊이 있게 받아들이도록 하는 겁니다. 실뜨기놀이는 당신 손으로 할 수 있는 놀이예요. 그러나 다른 사람과 함께 하면 더 재미있어요. 그것은 논쟁을 좋아하지 않는 관계성 구축을 표현하기 위한 비유입니다.

구디브　당신이 옥타비아 버틀러의 『완전변이 시대』 시리즈[1]를 이용하여, 「포스트모던 몸의 생물정치학」의 면역체계 담론의 견지에서 주장하는 내용과 유사하네요.

해러웨이　네. 그러나 실뜨기놀이는 유일의 모델이 되지 않는다는 게 중요하지요. 우리에게는 반대의·적대적 입장을 취하고 싶은 많은 기술과학적 실천들이 있어요. 우리에게는 가끔 경쟁과 싸움, 그리고 군대 은유들이 필요할 수 있기 때문에, 조화와 집합성이라는 은유들은 둘 다 완전한 설화가 아니지요. 그런데 그동안 기술과학 내에서 불안(agonism)을 지나치게 강조해 왔어요. 저는 구체적으로 브루노 라투르의 책, 『행동하는 과학』(*Science in Action*)의 여러 양상들에

---

1. 해러웨이, 1991, 227쪽. "어떤 다른 차이의 질서가 『완전변이 시대』에서 가능할 수 있으며 — 그리고 면역학에서 가능할 수 있다." [한국어판: 민경숙 옮김, 동문선, 2002, 416쪽].

대해 반대하여 그 논문을 쓰고 있었어요. 라투르의 책은 불안과 전투의 은유들에 지나치게 의존하고 있거든요. 실뜨기놀이의 비유는 그것에 대한 직접적인 대응이에요. 그러므로 그것은 컨텍스트적인 은유이지요.

구디브 당신의 페미니즘적 기술과학 모델에 관한 설명을 듣고 싶습니다. 『겸손한_목격자』에서 주요 특질로 보이는 것들을 뽑아 여기에 목록을 만들었어요. 즉 "민주주의와 기술과학," "강한 객관성, 즉 인간평등의 프로젝트에 참여한 객관성"은 "겸손하고, 보편적이며, 풍부하다," 그리고 "자기-비판적 지식 프로젝트들로 구성되어 있다." 등을 뽑았지요.

해러웨이 네. 역사상 우리의 순간에 설립된 기술과학이 우리에게 "자연"인 게 분명하다면, ─ 단지 자연이 아닌 자연-문화가 분명하다면, ─ 기술과학의 이해는 자연들과 문화들이 그동안 어떻게 하나의 단어가 되었는지 이해하는 한 방법이 되지요. 그래서 소위 기술과학 연구는 기술과학의 분석, 즉 우리가 어떤 종류의 세계에 살고 있는지 이해하는 겁니다. 페미니즘적인 기술과학 연구는 당신이 방금 읽은 목록을 심각하게 고려하는 거지요. 그래서 그것은 기술과학적 자유, 기술과학적 민주주의와 연관이 있어요. 즉 민주주의가 세계들을 합치고 분열시키는 데 개입하는 사람들의 권력부여에 관한 것이고, 기술과학 과정들이 어떤 세계들보다 어떤 다른 세계들을 더 많이 다루고 있음을 이해하는 것과 연관이 있어요. 또한 민주주의가 사람들에게 대대적으로 개입할 것과 자신들이 개입되어 있음을 알 것을 요구하며, 자신들이 서로에게 책임이 있고 서로에게 집합적으로 책임지도록 권력이 부여되어 있음을 이해하는 일과도 연관되어 있어요. 그리고 페미니즘적 기술과학 연구는 젠더의 영속적이고 고통스러운 모순들을 헤치며 계속 힘들게 나아가지요.

구디브 "자기-비판적 지식 프로젝트"가 현재 연구되는 기술과학 속으로 통합되는 일은 그다지 쉬울 것 같지 않은데요.

해러웨이 페미니즘적 기술과학은 현재 우리가 실제로 갖고 있는 종류의 제도들을 넘어서는 걸 의미하지요. 그것은 시간 및 공간을 재형성하는 일을 포함하여, 여러 다른 종류의 작업과정들과 지식-실천들로 가득 차 있어요. 예를 들어, 작업하며 효과적으로 상호작용하는 것, 즉 사람들과 함께 작업하는 것은 시간·경력·연구속도 등에 관한 재사고와 연관되어 있어요.

구디브 그리고 이것이 반드시 기술과학이 현재 설립되어 있는 방식인 것은 아니지요?

해러웨이 물론 아니지요. 현재 기술과학 과정들은 부(富)·권력·매개행위·주권·생사(生死)의 기회 등의 거대한 불평등들에 의존하고 있어요. 평등을 위한 계몽 프로젝트들은 현재 기술과학 내부에서 일종의 변화된 특징을 갖고 있어요. 저는 그런 계몽의 후손이에요. 그것이 부분적으로 『겸손한_목격자』에서 다루고 있는 거지요. 저는 민주주의 및 자유의 유산과, 그런 모든 오염된 계몽의 유산들을 부인하는 게 아니에요. 저는 그것들을 일종의 비틀린 방식으로 보지요. 그것들을 재작업하려고 노력하는 중이에요.

구디브 이것이 "겸손한 목격자"라는 비유와 어떻게 관련되나요?

해러웨이 앙코마우스™와 여성남자ⓒ와 함께, "겸손한 목격자"는 기술과학을 상상하고 연구하는 새로운 방식들을 대신하도록 제가 그 책에서 사용하는 비유들이에요.[2] 『겸손한_목격자@제2의_천년』과 관련하여 독자는 즉각 그/녀가 제 이메일 주소에서 메시지의 발송자이자 수취인임을 알지요. 그러나 저는 또한 17세기 로버트 보일이 발전시킨 실험방법과, 사실들이 신뢰성 있게 확립되는 방식에 관한 그 후속적인 논쟁들과 관련지어, 과학연구 설화들 속에 있는 "목격"과 "목격자"가 되는 것의 복잡한 역사에도 의지하고 있어요. 예를 들어 토머스 홉스는 실험적 생활방식을 비난했지요. 왜냐하면 그 지식이 특수한 공동체, 즉 성직자들과 법률가들에 의한 목격의 실천에 의존했기 때문이에요. 저는 바로 이런 종류의 목격에 관심이 있어요. 왜냐하면 목격은 보는 것이고; 증언하는 것이며; 서서 공공연하게 자신이 본 것과 묘사한 것을 해명하는 것이며, 자신이 본 것과 묘사한 것에

---

2. 『겸손한_목격자』에서 가장 겸손한 목격자는 과학소설뿐 아니라 과학연구 설화를 나타낸다. 여성남자ⓒ는 페미니즘의 주요 비유이다. 앙코마우스™는 생물공학과 유전공학을 나타내는 비유이며, 기술과학을 나타내는 제유이다.

심적으로 상처받는 것이기 때문이지요. 목격은, 목격하는 사람들의 구축된, 그래서 결코 완전하지 못한 신뢰성에 의존하는, 집합적이고 제한적인 실천이지요. 목격하는 사람들은 모두 죽어야 하는 존재들이고, 틀리기 쉬우며, 무의식적인·부정된 욕구들과 두려움들로 가득 찬 사람들이에요. 로버트 보일이 살았던 영국 왕정복고 시대의 학술원과 실험적 생활방식의 자손인 저는, 겸손한 목격자의 비유를 흠모합니다. 제 겸손한 목격자는, 선험적 기초들이라는 중독성 마약을 피하면서 진리를 말하는 것 — 신뢰할 수 있는 증언을 하는 것 — 에 관한 겁니다. 그것은 주체들, 객체들, 그리고 기술과학의 통신거래를 여러 다른 종류의 매듭으로 재형상화하는 거지요.

구디브 왜 "겸손한가요"?

해러웨이 "목격"처럼 "겸손하다"라는 단어도, 젠더와 관련하여, 그리고 로버트 보일의 공기펌프 실험들 및 실험적 생활방식의 개발과 관련하여, 깊고 복잡한 역사를 갖고 있어요. 저는 엘리자베스 포터(Elizabeth Potter)의 분석을 화제로 삼았는데[3], 그녀는 그 시대의 실험적 생활방식 속에서 젠더가 어떻게 위기에 처해 있었는가를 연구하면서 이성(異性) 복장을 하는 실천 속에서 젠더들이 증식한다는 사

---

3. 엘리자베스 포터, 「젠더만들기/과학만들기: 젠더 이데올로기와 보일의 실험철학」(Making Gender/Making Science: Gender Ideology and Boyle's Experimental Philosophy), 『차이만들기』(*Making a Difference*), B. 스패니어(B. Spanier) 편, (블루밍턴: 인디애나 대학 출판부, 근간).

실에 관한 논쟁들의 컨텍스트를 이용했지요. 현재 무엇을 겸손으로 간주할 것인가에 대한 토론이 진행중이므로, 저는 "겸손"의 비유작업을 보류하고 있어요. 당신을 사라지게 만드는 종류의 겸손이 있으며, 당신의 신뢰성을 증진시키는 그런 종류의 겸손도 있지요. 남성의 겸손이 신뢰성 있는 목격자가 되는 일이었던 반면, 여성의 겸손은 비켜서 있는 것에 관한 것이었어요. 그리고 제가 여기에서 주장하는 페미니즘적인 겸손(여성적 겸손이 아닌)이 있지요. 그 겸손은, "물질적-기호적"인 실제 세계에서 차이를 만들려는 목표를 가진 채, 인종·계층·젠더·성에 관한 문제들을 힘들게 교차시키도록 요구하는 기술과학 세계 속에 억류되어 있는 것과 관련이 있지요.

구디브 그러면 당신의 겸손한 기술과학자란 어떤 사람입니까?

해러웨이 정확하게 그런 어구를 쓴 적이 없지만, 만약 사용한다면 그것은 기꺼이 무엇을 하려는 의지, 능력과 관계가 있을 겁니다. 그리고 여러 재주들의 연마와, 당신이 이전에 저항했을지도 모르는 그런 종류들의 설명가능성에 방심하지 않으며 당신의 작업을 열어놓는 훈련과 관계가 있지요. 예를 들어, 유전학 연구의 경우, 그들에게 부모의 영향력에 자신들의 작업을 열어놓도록 요청하는 거지요.

구디브 그런 컨텍스트에서 볼 때, 겸손은 자신의 영향력, 권력, 한계들 등을 인식하는 거군요.

해러웨이 그렇지만 자기-소모적인 건 아니에요. 그것은 실제로 주목할 만한 자신감이지요. 페미니즘적 겸손에는 권력에 대한 알레르기가 없으니까요!

구디브 바로 그렇습니다. 겸손한 사람들은 언제나 제가 신뢰하는 사람들이지요. 자만심은 일종의 폐쇄적인 "어리석음"을 의미하므로, 자만하는 사람들을 신뢰하거나 존경하는 일은 드물어요.

해러웨이 저는 당신이 의미하는 바를 잘 알지요. 사람들은, 겸손의 이중적 의미 — 사라지기, 혹은 무능력한 것으로 잘못 듣게 되는 숨기 — 때문에, 겸손을 희생자가 되는 거라고 오해해요. 진정한 겸손은 당신이 특정한 재주를 갖고 있다고 말할 수 있는 거지요. 달리 말하자면, 강력한 지식 소유권을 주장할 수 있는 거예요. 어리석은 상대주의가 아니라 목격과 증언에 굴복하는 겁니다. 제가 요구하는 종류의 겸손한 목격자는 상황적임을 고집하는 사람이에요. 여기에서 상황적이라 함은, 위치가 그 자체로 유산일 뿐 아니라 복잡한 구성물인 곳을 말하지요. 겸손한 목격자는 "실험실들"의 주체위치, 혹은 신뢰성 있고 예의바른 과학자의 주체위치에 거주하려 하지 않거나 거주할 수 없을 사람들의 프로젝트들 및 요구들과 운명을 같이 하는 비유입니다. 제가 주장하고 싶은 건, 『겸손한_목격자@제2의_천년』에는 이 세계에서 생명체가 생존하기를 바라는 새천년의 희망을 충족시킬 새로운 실험적 생활방식이 필요하다는 겁니다. 목격자는 참여하지 않는 관찰자가 아니며 화성인도 아니에요. 저는 목격을, 우리가 앞에서 토론한 세속적 실천과 관련된 일이라고 생각해요. 목격자는 통 속에 든 두뇌도 아니기 때문이지요. 목격자는 어떤 진리들보다 어떤 다른 진리들을 증언하는 것이므로, 언제나 위험에 처합니다. 당신은 목격을 인내합니다. 목격하기 위해 과테말라, 치아파스, 니카라과, 엘살바도르 등으로 가는 사람들은 절대적으로 참여에 관한 일을 하는 겁니다. 그들은 또한, 목격하고 진리를 말하는 걸 자신들의 책임으로 삼으며, 진리를 말하는 필요조건 속에 연루되지요. 이런 의미의 목격은 "공식적 설화"에 저항한다는 의미에서 반-이데올로기적이에요. 여기에서 진리(truth)는 대문자 "T"가 아니에요. 즉 역사를 초월하거나 역사 밖에 있는 진리가 아니에요. 그것은 단호하게 역사적이며; 생사(生死)의 조건들을 증언하지요.

구디브 목격에 대한 당신의 묘사에는 윤리라는 뿌리 깊은 의미가 있어요.

해러웨이 절대적으로 그래요. 그리고 과학지식은 목격에 관한 거예요. 그게 바로 실험적 방식이 다루는 거지요. 즉 그곳에 있다는 사실을 다루어요. 그리고 거기에 있기 때문에 특정한 것들을 안다는 사실은 설명가능성의 의미를 변화시키지요. 진리에 무관심하기는커녕, 제가 작업하는 접근방식은 검사와 증명에 엄격하게 몰두하는 거예요. 이것이 언제나 해석적인·예약된·우발적인·속기 쉬운 참여임을 이해하고, 뛰어드는 거지요. 그것은 결코 방관적인 설명이 아닙니다.

구디브 그것이 과학적 객관성에 대한 보편적인 인상이지요.

해러웨이 옳아요, 그러나 객관성은 언제나 국부적 달성이에요. 그것은 언제나 사람들이 그런 설명을 강력하게 공유할 수 있도록 사물들을 충분히 잘 한데 모으는 거지요. "국부적"이라는 것은 작거나 여행할 수 없음을 의미하는 게 아닙니다.

구디브 그것은 「상황적 지식」을 상기시키네요. 거기에서 당신은 복잡한 의미의 위치에 관해 말씀하셨고, "객관성"에 도달하는 유일한 방법으로 부분적 지식이나 시각을 말씀하셨지요.

해러웨이 네. 겸손한 목격자는 상황적 지식에 몰두할 수 있는 사람입니다.

나에게 가르치는 일은 여러 모로 실뜨기놀이 경험의 구현이다.

다나 J. 해러웨이

텔레파시 가르침

구디브 대담을 끝맺음하면서 저는 가르치는 일에 관해 이야기하고 싶습니다. 그것은 글쓰기만큼 당신 작업의 큰 부분이니까요. 그리고 이것은 당신의 저작을 읽는 것만으로는 알 수 없는 거지요. 저는 당신의 제자 중 한 사람이었기 때문에 교육에 대한 당신의 헌신이 얼마나 대단한지 잘 알아요.

해러웨이 당신도 알다시피, 요즘 저는, 생물학적으로 말해서, 제게 손자뻘이 되는 제자들이 있음을 깨닫게 되었어요! 완전히 손자뻘은 아니지만 … 제 교수법은 정말로 달라졌어요, 이를 테면 당신이 학생이던 10년 전과 매우 다르지요. 혹은 저와 제자들과의 차이점들이 더욱 더 심해지기만 한다고 할까요. 제가 느끼기에 약 5년 전부터 교실에서 자신감을 잃게 된 거 같아요.

구디브 그럴 리가요!

해러웨이 정말이에요. "나는 정말로 이 사람들이 누구인지 모르겠다. 그들에게 중요한 질문들을 정말로 모르겠다"는 그런 오싹하는 두려움을 갖게 되었다는 의미에서 그래요. 저는 자발성을 잃었어요. 그것은 가르치는 일의 중요한 부분이지요. 혹은 더 나은 표현을 쓰자면 제 자발성을 의심하기 시작했어요.

구디브 당신은 타고난 재능을 가진, 텔레파시를 가진 대단한 선생님이기 때문에 너무 이상하게 들리는군요. 세대차이 같은 단순한 게 아닐까요?

해러웨이 우리들이 똑같은 체험을 해보지 않았음을 깨달을 수밖에 없기 때문에, 어쩌면 깊은 의미에서는 그런 건지도 몰라요. 우리는 형성기 때 완전히 다른 경험들을 했으니까요. 제 말은 제가 지금 1970년대 말에 태어난 사람들을 가르치고 있다는 겁니다. 그건 매우 이상한 경험이에요. 레이건이 대통령으로 선출되던 해에 태어난 사람들을 가르치기 시작하고 있어요!

구디브 그 해는 당신이 의식사 프로그램에 부임한 해인데요!

해러웨이 정확히 그렇습니다. 그러니까 이 학생들은 정치적으로 레이건과 대처, 그리고 그 직후의 시기만 알아요.

구디브 그들에게 냉전시대는 추상관념 같은 거지요. 반면 당신의 형성기는 냉전으로 각인되어 있었고요.

해러웨이 네. 그리고 이 세상이 여성운동, 시민권운동, 반전운동 같은 사회운동들을 통해 더 나은 세상이 될 수 있을 거라는 가정 속에서 성장했기 때문에 갖게 된 믿음들로 각인되어 있었지요. 이런 운동들은 정말로 저를 성인으로 만들어 주었어요. 그런데 우리 제자들에게는 이게 통하지 않지요. 그들에게 정치는 다른 의미를 갖고 있고, 정치에서의 가능성도 매우 다른 의미를 갖고 있어요.

구디브 선생님으로서 이런 틈들을 효과적으로 다루기가 너무 어렵지요. 모든 선생님들이 나이가 연로해지면서 이런 틈들을 다뤄야 하지만, 정치적 매개행위 혹은 정치적 관심의 견지에서 당신이 모색하는 건 훨씬 더 중요한 내용이군요. 사람들은 당신이 이런 운동들과 이런 운동들로 가능해진 사회변형들을 경험했기 때문에, 당신의 작업이 매우 활력 있고 풍요롭게 되었음을 잘 압니다. 매개행위는 당신의 역사에 중요하지요. 그건 추상관념이 아니에요. 그건 매우 능동적이고 생산적인 사회운동 참여에서 나오는 거지요.

해러웨이 그리고 젊은이일 때 이런 운동을 겪었기 때문이에요. 제가 가르치는 학생들이 덜 참여적이고, 덜 비판적이라는 게 아니에요. 그들에게도 물론 못지않은 열의가 있어요. 다만 매우 다른 정치적 환경에서 일하게 될 거라는 거지요.

구디브 그 다른 환경이라는 걸 자세히 설명해 주시겠습니까?

해러웨이 환경학을 연구하는 사람들을 생각해봅시다. 그들은 자신들이 복잡한 기구들 내에서 일해야 할 거라는 걸 과거의 저보다 훨씬 더 당연시하고 있어요. 자신들이 전문적 학위들을 취득해야 하고, 기업들이나 다중매체(multimedia) 혹은 정부기관에서 일해야 한다고 가정하지요. 반면 과거 저의 의식은, 기업구조들 및 군대뿐 아니라 일반적인 전문가의 삶에 대해 훨씬 더 크게 반대하도록 구조화되어 있었어요. 학자나 전문가가 되는 것조차 사회운동 이데올로기를 배반하는 배반행위처럼 느꼈지요. 저는 오늘날의 제자들이 이런 식으로 사고한다고 생각하지 않아요. 그들은 또한 우리 세대가 그랬던 것처럼, 경제적으로 보호받고 있으며 건강하다는 느낌을 가지며 성장하고 있지 않아요. 우리는 비교적 경제적으로 풍요한 시기에 있지만, 오늘날의 학생들은 장기적인 경제안정이라는 말에 속지 않지요.

구디브 자신이 보호받을 거라는 가정에서 나오는 자유의 느낌이 또한 위험을 감수하게 만들지요. 요즘 비평이론이 그런 종류의 행위를 상당부분 떠맡았어요.

해러웨이 맞아요, 그들은 요즘 대부분 비평이론 언어를 갖고 있어요.

구디브 비평이론으로는 더 이상 충분치 않아요. 비평이론을 갖고 있다고 해서 반드시 더 비판적인 것도 아니니까요.

해러웨이 절대적으로 그래요. 그것은 가끔, 거의 종교적인 의미에서, 독단적이라고 느껴져요. 그들 자신의 것이 아닌 마치 수용된 언어처럼 말입니다.

구디브 맞아요, 그것은 학습되거나 달성되는 게 아니에요. 발견되는 거지요. 당신의 세대와 제 세대는 새로운 이론언어들, 정치의 새로운 형태와 연합, 여러 다른 패러다임들의 등장, 새로운 학과들의 창설, 학문간의 연계 등등 이 모든 것을 발견하는 경험을 했지요.

해러웨이 제 생각에 오늘날의 학생들과 우리와의 차이는, 그들은 이런 구조들을 상속받았고 그래서 당연시한다는 거예요. 우리가 이런 문제에 대해 토론하고 있으므로 고백해야 할 게 있어요. 최근에 제자들이 그들만의 언어들과 시각들을 창조하고 있을 때 제가 얼마나 불편해하고 있는지를 깨닫게 되었어요. 거부하는 제 자신을 멈추게 하고, 그들의 비판적 통찰력이 매우 다른 삶과 역사적 계기들에서 나오고 있으므로 제가 더 귀를 기울여야 함을 깨닫는 시간을 가졌지요. 당신도 알다시피 저에게 가르치는 일은 여러 모로 실뜨기놀이 경험의 구현이에요. 연속적으로 맞물려지는 매듭들 속에 연루되는 거지요.

구디브 귀 기울이기는 너무 중요해요. 귀를 기울이지 않는다면 우리는 가르치는 게 아니에요. 특히 경험의 틈과 공유된 역사의 틈이 넓어질 때 더욱 그렇지요. 당신의 작업에서 가르치는 일과 글쓰기는 어떻게 관련되나요?

해러웨이 대학원 세미나에서 가르치는 내용은 제 연구와 큰 관계가 없어요. 저는 실상 『영장류의 시각』의 소재나, 제 책들의 어떤 내용에 대해서도 가르친 적이 없어요.

구디브 학자들의 일상적인 방법이 연구를 위해 세미나를 이용하는 건데, 정말로 놀랍군요. 당신의 놀라운 에너지를 보여주는 또 다른 예이군요. 그러니까 당신은 이중의 작업을 하게 되겠군요.

해러웨이 어느 정도 그렇지요. 그러나 가르치는 일을 뒤처지지 않고 현재에 계속 남아있는 방법으로 이용합니다. 그것을 독서의 장소로 이용해요.

구디브 바로 그렇군요. 당신도 알다시피 저도 실상 똑같은 일을 해요. 가르치는 일은 독서하기에 가장 좋은 방법이에요. 당신도 알다시피, 옛날이야기가 맞아요. 어떤 것을 가르치고 나서야 비로소 그것을 읽은 것처럼 느끼지요. 우리들은 개인적으로는 하지 않을 그런 일들을 하도록 요구하는 네트워크의 일부분이기 때문에, 가르치는 일이 아니면 못 갈 여러 곳을 가기도 하지요.

해러웨이 네. 가을에, 의식사 프로그램의 동료인 네퍼티 태디어 (Neferti Tadier)와 제가 인종과 민족성에 관한 역사적·문화적 연구에 대해 가르쳤어요. 글쎄요, 그 강의에 대한 문헌이 물론 제 글쓰기에 많은 정보를 주었지만, 그 대부분에 관한 직접적인 글쓰기는 하지 않아요. 제가 뒤처지지 않고 현재에 계속 남을 수 있는, 즉 계속 예리하게 남을 수 있는 유일한 방법이 이런 종류의 대학원 수준의 강의이지요. 페미니즘 이론의 경우도 마찬가지예요. 깊은 정보를 수집해야 하는 많은 페미니즘 이론이 곧 제 작업의 일부가 된 적은 없어요. 제 작업의 대부분은 독립적인 연구와 대학원 일을 통해 나오지요. 가르치는 일은 제 글쓰기에 대대적인 정보를 줘요. 그러나 조직으로서의 의식사 프로그램에는 교수들과 밀접하게 관련된 프로젝트 작업을 하는 학생들이 없어요. 학생 프로젝트들은 교수 연구 프로젝트들에서 발전된 게 아니지요.

구디브 그렇지만 유사성이 있어야 하겠지요.

해러웨이. 물론이지요. 학생들 작업이 우리 작업과 얼마나 관련이 있는가의 견지에서 볼 때 교수들 마다 매우 다양해요. 그리고 또한 학부수업이 있어요. 저는, 생물학, 정치, 과학의 강의들뿐 아니라, 여성학에 대해서도 많이 가르쳤으므로, 정말로 폭넓은 학부수업을 하고 있지요. 일반적인 입문학들을 가르치고, 여성학, 환경학, 미국학 등에 대해 조언을 하는 이 강의들은 모두, 제가 지금까지 해온 가르치는 일의 중요한 부분들이었지요.

구디브 의식사 프로그램이 아닌 다른 곳에 있었더라도 그런 강의나 작업을 할 수 있었을까요?

해러웨이 절대 아니에요.

구디브 그러니까 당신은 여러 모로 의식사 프로그램의 발명품이군요?

해러웨이 네, 저는 그게 절대적으로 사실이라고 생각해요. 의식사 프로그램은 정의상 학문연계 분야인 반면, 존스홉킨스에는 강력한 문학이론 및 인문학의 영향력이 있었어요. 존스홉킨스에는 인문학 센터(Humanities Center)가 있는데, 그것은 의식사 프로그램처럼 미국에서 유일하게 존재하는 대학원 프로그램들 중 하나이지요. 따라서 인문학 센터는 많은 유리한 조건들을 갖고 있었지만, 제가 존스홉킨스에 있었더라면 여기에서만큼 글을 쓰지 못했을 게 확실해요. 제게 다양한 제자들이 없었을 테니까요. 우선 그동안 저에게는 많은 대학원 제자들이 있었어요. 존스홉킨스에서 가능했을 것보다 훨씬 많은 제자들이 있었지요. 근래에 저는 버클리에서 환경계획에 대해 대학원생들과 작업하고 있었어요. 또한 샌디에이고의 캘리포니아대학교에서 페미니즘이론 학생들뿐 아니라 남서부지역의 핵오염을 연구하는 사회학 학생들과 작업했었지요. 홉킨스에서는 일어날 수 없는 일들이에요.

구디브 그리고 제가 잘 알다시피, 당신은 사람들의 논문들을 읽지요. 제가 작업하고 있던 챕터에 대해 당신이 써준 논평을 다른 사람들이 읽었던 기억이 나는군요. 그들은 당신이 얼마나 많은 주석을 달았고, 얼마나 면밀한 글읽기를 했는지 알고는 놀랐어요. 당신은 규칙이 아니라 예외입니다.

해러웨이 저는 많은 동료들이 학생들의 작품을 매우 조심스럽게 읽는다고 생각해요. 의식사학과는 제가 했던 종류의 작업을 격려해 주고 보상해 준 곳입니다. 홉킨스는 그런 종류의 작업을 근본적으로 의심했던 곳이지요. 그러나 그와 동시에, 홉킨스에서 강의했던 생물학사 기초과정은 제가 여기에서 했던 그런 종류의 작업을 가능하게 해 준 귀한 경험이었습니다.

종결

정열과 아이러니

아이러니는, 변증법조차도 더 큰 전체로 용해시킬 수 없는 모순들, 양립할 수 없는 사물들을, 그 두 개가 모두 혹은 그 여러 개가 모두 필요하고 진실이기 때문에, 함께 모아두는 데서 생기는 긴장이다. 아이러니는 유머이자 진지한 놀이이다.

다나 J. 해러웨이

정열과 아이러니

구디브 마무리 짓기 위해 제 맘대로 『겸손한_목격자』에서 한 부분을 발췌했어요. 즉 "중요한 점은, 조건이 달랐다면 그랬을 수도 있고, 그럴 수도 있음을 기억하는 법을 배우는 것이다. …"라는 부분을 선택했지요. 저는 이 부분을 아주 좋아해요. 이것이 당신이 계속해서 의문을 제기하는, 우리의 존재에 대한 꾸준한 갈등들과 문제점들을 드러내기 때문이지요. 그리고 그것을 말하는 방식 또한 중요해요. "기억하는 법을" "배우라는 것"은, 단지 배우는 것(미래를 짓는 현재의 행위)뿐 아니라 기억하는 것(과거를 이용하는 것)이기도 하지요. 달리 말하자면, 조건이 달랐다면 그랬을 수도 있는 방식들을 배우고 기억하는 데에 몰두해야 해요. 저는 그런 구문론이 좋아요. 이것은 시적인 사고일 뿐 아니라 기술과학적 사실이에요.

해러웨이 네, "이미 씌어진 미래"의 시간성에서는, 미래와 현재가 사실상 최종적으로 씌어진 게 아니에요. 하이테크 애호가의 유토피아에 대한 과대광고가 없다 해도, 이것을 사고해야 합니다.

구디브 그 점이 바로 사람들이 당신의 분석을 파악하려 할 때 언제나 가장 어려운 부분이에요. 당신의 표현을 사용하자면, 당신의 "야누스의 얼굴"과도 같은 정치이론 때문이지요. 당신이 말하는 둘 다 그렇다, 둘 다 아니다 식 설화 때문이기도 하고요.

해러웨이 옳아요, 그러나 제가 최종적으로 할 말은 매우 단순해요. 제가 진정으로 요구하는 건 영속적인 정열과 아이러니라는 겁니다. 즉 정열이 아이러니만큼 중요하다는 거지요.

저서 목록

다나 J. 해러웨이

1997 『겸손한_목격자@제2의_천년.여성남자ⓒ_앙코마우스™를_만나다: 페미니즘과 기술
과학』(Modest_Witness@Second_Millenium.FemaleManⓒ_Meets_Oncomouse™:
Feminism and Technoscience), New York: Routledge.

1995 「사이보그와 공생체: 신천지 질서에서 함께 살기」(Cyborgs and Symbionts: Living
Together in the New World Order), 『사이보그 핸드북』(The Cyborg Handbook),
Chris Hables Gray 편, New York: Routledge.

1992 「괴물들의 약속: 부적절한/해진 타인들을 위한 생식 정치」(The Promise of Monsters:
Reproductive Politics for Inappropriate/d Others), 『문화연구』(Cultural Studies),
Larry Grossberg, Cary Nelson and Paula Treichler 편, New York: Routledge.

1991 『유인원, 사이보그, 그리고 여자: 자연의 재발명』(Simians, Cyborgs, and Women:
The Reinvention of Nature), New York: Routledge.

1989 『영장류의 시각: 근대 과학세계에서의 젠더, 인종, 그리고 자연』(Primate Visions:
Gender, Race, and Nature in the World of Modern Science), New York:
Routledge.

1976 『크리스탈, 직물, 그리고 장(場): 20세기의 발생생물학에서 사용된 유기체론의 은유
들』(Crystals, Fabrics, and Fields: Metaphors of Organicism in Twentieth-Century
Developmental Biology), New Haven: Yale University Press.

저자 소개

다나 J. 해러웨이 는

1944년 9월 6일 미국 콜로라도 주의 덴버에서 태어났다. 친가의 가족 중에 결핵 환자가 있어 콜로라도 스프링스의 건강에 좋은 공기를 찾아, 20세기 초 테네시 주에서 콜로라도 주로 이사하였다. 아버지는 『덴버 포스트』지의 스포츠작가로 일하였고, 81세가 된 오늘날에도 계속해서 덴버에 살고 있다. 어머니는 아일랜드-가톨릭 노동계층 출신으로 덴버 토착민이었는데, 1960년 해러웨이가 16세일 때 사망하였다. 해러웨이에게는 오빠(1942년생)와 남동생(1953년생) 두 형제가 있다. 해러웨이는 유년시절과 청년시절 가톨릭학교에 다녔다. 고등학교는 어머니가 다녔던 세인트 메리 아카데미를 졸업했다. 졸업 후 브렛처 재단의 전액 장학금을 받고 자신이 선택한 콜로라도 주의 한 대학으로 진학하였다. 작은 교양교육 대학인 콜로라도 대학을 선택하였는데, 이 대학은 학생-교수 간의 관계가 긴밀하였다. 대학 시절 해러웨이는 공민권운동에 적극적이었다. 1966년 동물학 전공, 철학과 영문학 부전공의 학사학위를 받았다.

1966~67년은 풀브라이트 연구비로 파리에서 파리대학교의 이과대학과 테이야르 드 샤르댕 연구소에 다녔다. 파리에서 돌아오자 베트남전쟁 반대운동에 적극적으로 참여하였고, 코네티컷 주 뉴 헤이븐의 예일대학교 대학원에 동물학을 공부하

기 위해 진학했다. 예일에 있는 동안 관심이 실험으로서의 생물학에서 생물학사와 생물학철학으로 전환되었다. G. 이블린 허친슨(G. Evelyn Hutchinson)의 지도 아래 학위논문을 썼고 1972년 생물학과에서 Ph.D.를 받았다.

예일에 있는 동안 뉴 헤이븐의 운동가들 및 학자들을 위한 공동부락에서 살았고, 그곳에서 예일의 역사학과 대학원생이던 제이 밀러를 만났다. 이들은 1970년 결혼하였고, 하와이로 이사하여 호놀룰루의 하와이대학교에서 교직원으로 일했다. 하와이에 있는 동안 해러웨이는 학위논문을 썼고 일반과학과 여성학에 대한 강의들을 하였다. 이들 부부는 해러웨이가 메릴랜드 주 볼티모어의 존스홉킨스대학교, 과학사학과의 조교수로 채용된 1974년까지 하와이에서 살았다. 예일대학교가 첫 저서『크리스탈, 직물, 그리고 장(場): 20세기의 발생생물학에서 사용된 유기체론의 은유들』(학위논문을 약간 수정한 개정판)의 출판신청을 받아들여, 1976년 출판하였다.

해러웨이와 밀러는 1973년 별거하였다. 동성애자임을 공공연하게 밝힌 밀러가 1968년 이후 동성애자 권리와 행동주의에 더욱 열심이었기 때문이다. 그럼에도 불구하고 이들은 계속 친구로 남았고, 밀러가 1991년 AIDS로 사망할 때까지 캘리포니아 주 힐즈버그에서 한 집에 살았다. 1974년 해러웨이는 존스홉킨스의 조교수로 있을 때, 당시 과학사학과의 대학원생이던 러스틴 허그니스를 만났고, 그 후 지금까지 동거하고 있다. 1977년 해러웨이, 밀러, 허그니스(밀러의 유년시절 친구인, 닉 폴라나와 함께)는 공동으로 힐주버그에 토지를 구입하였다. 1980년 해러웨이는 샌타 크루즈 캘리포니아대학교의 의식사 프로그램에서 페미니즘과 과학을 가르치도록 헤이든 화이트와 제임스 클리포드에게 채용되었다. 해러웨이, 허그니스, 밀러, 그리고 밀러의 애인 로버트 필로미노는 힐즈버그 토지에 있던 집을 복구하여 거기에서 살았다. 해러웨이와 허그니스는 샌타 크루즈의 집과, 소노마 카운티, 힐즈버그의 집 사이를(자동차로 3시간 거리) 통근하였다.

1980년대 전반에 걸쳐 해러웨이는 영장류학 및 "발명된" 사이보그 연구에 관한 작업을 발전시켰고, 페미니즘, 인류학, 과학사에 관해 폭넓게 강의하고 책을 출판하였다. 1984년 캘리포니아대학교의 정교수가 되었고 종신재직권을 받았다. 이 10년간 해러웨이는 「테디 베어 가부장제: 1908년부터 1936년까지 뉴욕시, 에덴동산의 박제술」(『사회 텍스트』 11호, 겨울, 1984/85), 「사이보그들을 위한 선언문: 1980년대의 과학, 기술, 그리고 사회주의적 페미니즘」(『사회주의 평론』 80호, 1985), 「상황적 지식: 부분적 시각의 특권에 관한 담론 소재지인 페미니즘에서의 과학의 문제」(『페미니즘 연구』 14, 3호, 1988), 「포스트모던 몸의 생물정치학: 면역체계 담론에서의 자기의 결정」(『차이들: 페미니즘적 문화연구지』 1, 1호, 1989) 등의 획기적인 논문들을 써서 발표하였다. 1989년 두 번째 저서, 『영장류의 시각: 근대 과학세계에서의 젠더, 인종, 그리고 자연』이 출판되었고, 1991년 세 번째 저서, 『유인원, 사이보그, 그리고 여자』가 출판되었다. 새로운 소재들뿐 아니라 1980년대에 씌어진 에세이들이 이 두 저서에 다시 게재되었다. 이 기간 동안 해러웨이는 UCSC에서 과학과 정치·페미니즘 이론·과학소설·인종·식민주의·정체성·과학기술 등 등 동시대의 여러 이론들에 대한 대학원 및 학부 강의들을 하였다.

1985년 로버트(밥) 필로미노가 AIDS에 걸리자, 해러웨이의 개인적 삶과 가정은 그 성질이 결정적으로 바뀌게 되었다. 1986년 밥이 죽은 뒤, 제이 밀러 역시 병에 걸려, 1991년 사망하였다. 이 기간 동안 해러웨이와 허그니스는 밀러가 밥을 간호하는 것을 도왔으며, 밥이 죽은 후에는 밀러를 돌보는 가장 가까운 사람들이 되었다.

1990년대 해러웨이와 허그니스는 계속해서 힐즈버그와 샌타 크루즈의 두 집에서 살았고, 이와 동시에 해러웨이는 연구, 글쓰기. 대학활동들을 계속 추구하였다. 그녀는 주기적으로 의식사 프로그램의 과장으로 일했고, 과중한 대학원과 학부강의들을 하였으며, 학위논문 위원회 위원장을 맡았다(30세 이후 현재까지). 그 외 여러 다른 임무들을 맡고 있으며, 국내·국제 학회 및 순회강의에도 꾸준히 참석하였다. 1997년 러틀리지 출판사가 네 번째 저서, 『겸손한_목격자@제2의_천년.여성남자ⓒ_앙코마우스™를_만나다: 페미니즘과 기술과학』을 출판하였다. 이 기간 동안 해러웨이는 「계몽@과학_전쟁들.컴: 사랑과 전쟁에 대한 개인적 고찰」(『사회 텍스트』 50호, 봄 1997), 「생명 그 자체의 지도와 초상화」(피터 갤리슨, 캐롤라인 존스 편, 『과학그리기, 예술그리기』), 「벌레먹은 구멍 속에 들어간 생쥐들: 두 부분으로 된 기술과학 푸가」(개리 다우니와 조셉 듀밋 편, 『사이보그와 성채: 기술인본주의의 인류학에서의 중재』, Santa Fe, New Mexico: School of American Research) 등을 발표하였다. 해러웨이는 현재 세 개의 프로젝트, 즉 1) 교양교육 교과과정의 교육학과 생물학에 관한, 초국가적 세계의 컨텍스트 내에서의 연구, 2) 숲 보존 투쟁에서의, 토지에 관한 토착민 지식과 과학지식과의 만남에 대한 연구, 3) 양육, 행동, 유전학에 관한 담론들 속에 있는, 사람과 개를 결합시키는 믿음과 실천에 대한 탐구 등등에 관해 작업중이다. 그녀의 작업은 이탈리아어, 스페인어, 독일어, 포르투갈어, 노르웨이어, 네덜란드어, 일본어 등으로 번역되었다.

사이어자 니콜스 구디브 는

뉴욕의 부룩클린 하이츠에 살고 있는 작가이다. 뉴욕대학교에서 영화학 석사학위를 받았고, 샌타 크루즈 캘리포니아대학교의 의식사 프로그램에서 Ph.D.를 받았다. 엄선된 박물관 전시 카탈로그들과 선집들뿐 아니라, 『아트포럼』, 『미국의 예술』, 『파켓』, 『레오나르도』, 『아트바이트』 등의 잡지에 예술과 과학기술에 관한 여러 에세이들과 인터뷰들을 발표하였다. 여러 교육기관에서 가르쳤으나 주요 대학을 거론하자면, 뉴욕대학교, 샌프란시스코 주립대학교, 샌타 크루즈 캘리포니아대학교, 프랫대학 등이 있다. 그리고 1997~99년 기간 동안 휘트니 미술관 독립 연구 프로그램에서 선임 강사로 일했다. 현재 솔로몬 R. 구겐하임 미술관의 동시대 예술 큐레이터인 낸시 스펙터와 예술가 매튜 바니와 함께 근간 예정인 바니의 5부작 『크리매스터』 프로젝트 카탈로그 작업을 하고 있다. 또한 영화제작자 매튜 월린과의 공동작업으로 만들어진 바니의 〈크리매스터 3〉 제작에 관한 다큐멘터리 영화를 제작하고 시나리오를 쓴, 창작력이 풍부한 제작자이자 작가이다.

찾아보기

갈무리 신서

23. 안토니오 그람시 옥중수고 이전

리처드 벨라미 엮음 / 김현우·장석준 옮김

『옥중수고』이전에 씌어진 그람시의 초기저작. 평의회 운동, 파시즘 분석, 인간의 의지와 윤리에 대한 독특한 해석 등을 중심으로 그람시의 정치철학의 숨겨져 온 면모를 보여준다.

24. 리얼리즘과 그 너머 : 디킨즈 소설 연구

정남영 지음

디킨즈의 작품들에 대한 치밀한 분석을 통해 새로운 리얼리즘론의 가능성을 모색한 문학이론서.

31. 풀뿌리는 느리게 질주한다

시민자치정책센터

시민스스로가 공동체의 주체가 되고 공존하는 길을 모색한다.

32. 권력으로 세상을 바꿀 수 있는가

존 홀러웨이 지음 / 조정환 옮김

사빠띠스따 봉기 이후의 다양한 사회적 투쟁들에서, 특히 씨애틀 이후의 지구화에 대항하는 투쟁들에서 등장하고 있는 좌파 정치학의 새로운 경향을 정식화하고자 하는 책.

피닉스 문예

1. 시지프의 신화일기

석제연 지음

오늘날의 한 여성이 역사와 성 차별의 상처로부터 새살을 틔우는 미래적 '신화에세이'!

2. 숭어의 꿈

김하경 지음

미끼를 물지 않는 숭어의 눈, 노동자의 눈으로 바라본 세상! 민주노조운동의 주역들과 87년 세대, 그리고 우리 시대에 사랑과 희망의 꿈을 찾는 모든 이들에게 보내는 인간 존엄의 초대장!

3. 볼프

이 헌 지음

신예 작가 이헌이 1년여에 걸친 자료 수집과 하루 12시간씩 6개월간의 집필기간, 그리고 3개월간의 퇴고 기간을 거쳐 탈고한 '내 안의 히틀러와의 투쟁'을 긴장감 있게 써내려간 첫 장편소설!

4. 길 밖의 길

백무산 지음

1980년대의 '불꽃의 시간'에서 1990년대에 '대지의 시간'으로 나아갔던 백무산 시인이 '바람의 시간'을 통해 그의 시적 발전의 제3기를 보여주는 신작 시집.